Christiane Kruse

Berühmte Paare in Berlin und Brandenburg –
Ein Ausflug zu ihren ehemaligen Wohnhäusern

 BRAUS

INHALT

»Komm bald wieder«, schrieb Bettine von Arnim im Sommer 1820 aus Berlin an ihren Mann Achim ins brandenburgische Gut Wiepersdorf, »gedenk auch meiner unter Deinen Kühen, weder die braune noch die weiße, noch die scheckige ist Dir so innig gesinnt wie ich.«

Am Beispiel von 58 Doppelporträts werden berühmte Paare vorgestellt, die das kulturelle, politische und wissenschaftliche Leben in Berlin und Brandenburg geprägt haben: Liebes- und Ehepaare aus Adel, Bürgertum oder dem kommunistischen Arbeitermilieu wie der DDR-Staatschef Erich Honecker und seine Frau Margot, Geschwisterpaare wie die Brüder Grimm, die sich nie über längere Zeit trennen mochten, oder ›Arbeits‹-Paare wie Lilian Harvey und Willi Fritsch, die zum Traumpaar vieler Ufa-Filme wurden, aber privat getrennte Wege gingen. Einen Zeitraum vom 17. Jahrhundert bis in die Gegenwart umspannend, wird informativ und unterhaltsam aus dem gemeinsamen Leben der Paare berichtet – von Liebe und Glück, Konflikten und tragischen Schicksalen.

Dabei nimmt das Buch die Leserinnen und Leser mit auf eine Reise zu den einstigen Wohnorten der Paare – ob in den Bezirken Berlins oder den verschiedenen Regionen Brandenburgs. Es führt zu Stadtvillen und Mietshäusern, Schlössern und Landgütern, darunter ins havelländische Paretz, wo das preußische Traumpaar König Friedrich Wilhelm III. und seine geliebte Frau Luise mit ihren sieben Kindern heitere Sommer verbrachten, und Schloss Tegel, dem am Stadtrand Berlins gelegenen Alterswohnsitz von Wilhelm und Caroline von Humboldt, die eine der liberalsten und gleichberechtigsten Beziehungen ihrer Zeit verband. Oder zum Brixplatz im Berliner Westend, wo Joachim Ringelnatz und seine Frau »Muschelkalk« ihre letzte gemeinsame Unterkunft hatten und die große Liebe zwischen dem Boxweltmeister Max Schmeling und der Schauspielerin Anny Ondra begann. Besucht wird u.a. auch der Berliner Arbeiterbezirk Neukölln mit der Wohnung von Arvid und Mildred Harnack, in der sie einen Kreis von NS-Gegnern versammelten, oder der vornehme Ortsteil Dahlem, wo sich die ehemalige Dienstvilla des Chemikers Fritz Haber befindet, in deren Garten sich seine Frau Clara aus Entsetzen über die Giftgasexperimente ihres Mannes während des Ersten Weltkriegs das Leben nahm.

Josef A L B E R S
Maler, Grafiker, Bauhaus-Meister
1888 Bottrop/NRW – 1976 New Haven/Connecticut, USA

Anni A L B E R S, geb. Fleischmann
Weberin, Textildesignerin, Grafikerin
1899 Berlin – 1994 Orange/Connecticut, USA

Anni und Josef Albers waren eines der kreativsten Künstlerpaare des 20. Jahrhunderts und namhafte Vertreter des legendären Bauhauses. Sie besaßen eine ähnliche Kunstauffassung, die jeder in seinem Medium umsetzte, sie in der Weberei, er in seinen Gemälden und Glasbildern: abstrakte Muster aus Streifen und Rechtecken in kräftigen Farben, später auch weichere, geschwungene Formen. / Trotz aller Gemeinsamkeiten habe es, so Anni Albers, immer eine Rivalität zwischen ihnen gegeben, zumal ihr Mann wesentlich bekannter war als sie. Die traditionelle Geschlechterrolle – sie führte ›nebenbei‹ noch den Haushalt – mag dazu beigetragen haben. / Sie stammten aus verschiedenen gesellschaftlichen Schichten. Anni Albers (eigentlich Anneliese) kam aus einer assimilierten jüdischen Großbürgerfamilie mit Wohnsitz in der Meineckestraße im noblen Berliner Bezirk Charlottenburg. Ihr Vater Siegfried Fleischmann war Möbelfabrikant, ihre Mutter gehörte zur berühmten Verleger-Dynastie Ullstein. Josef Albers war in bescheidenen Verhältnissen in der Bergarbeiterstadt Bottrop im Ruhrgebiet aufgewachsen; sein Vater war

Josef und Anni Albers an Bord der S. S. Europa bei ihrer Ankunft in New York am 24. November 1933

Schreiner. Anni behauptete später recht überheblich, sie habe ihrem Mann erst einmal gute Manieren beibringen müssen. / Anni Fleischmann kam 1922 nach Weimar, um am Staatlichen Bauhaus zu studieren, und hielt an ihrer Bewerbung auch fest, nachdem sie zunächst abgelehnt worden war. Nicholas Fox Weber, dem späteren Direktor der Albers-Foundation, erzählte sie später warum: Sie habe sich »in einen hageren, halb verhungerten, asketischen Westfalen mit unwiderstehlich blonden Haaren« verliebt: Josef Albers. Als etablierter ›Bauhäusler‹ – er war elf Jahre älter als sie, leitete die Glasmalerei-Werkstatt und unterrichtete im Vorkurs – half er ihr bei den Aufnahmeprüfungen, sodass sie schließlich doch noch Bauhaus-Studentin wurde. / Sie heirateten am 9. Mai 1925 in Berlin – nicht nur privat ein neuer Lebensabschnitt. Beide gingen mit dem Bauhaus nach Dessau, wo er später die Möbelwerkstatt und sie die Weberei leitete – bis zur Schließung der Schule durch die Nazis. Da auch die Weiterführung des Bauhauses als Berliner Privatinstitut scheiterte, wurden sie arbeitslos. Im NS-Regime ohne berufliche Chancen und außerdem hoch gefährdet – Anni Albers, obwohl protestantisch getauft, galt in NS-Deutschland als Jüdin –, emigrierten sie Ende 1933 in die USA. Als prominente Vertreter der europäischen Avantgarde waren sie als Dozenten am neu gegründeten Black Mountain College in Ashville/North Carolina äußerst willkommen. / Josef Albers starb 1976 – nach 51-jähriger Ehe. Anni überlebte ihren Mann um 18 Jahre. Einige Werke des Künstlerpaares, darunter ihre Wandbehänge und Grafiken, sowie seine Gemälde, Fotografien und Möbel, besitzt das Berliner Bauhaus-Archiv.

Berlin-Westend, Sensburger Allee 28: Die Berliner Adresse von Anni und Josef Albers, nur wenige Meter entfernt vom Wohn- und Atelierhaus des Bildhauers Georg Kolbe in der Sensburger Allee 25 (heute Georg-Kolbe-Museum)

Bettine (auch Bettina) von A R N I M, geb. Brentano
Schriftstellerin
1785 Frankfurt/Main – 1859 Berlin

Achim von A R N I M
Schriftsteller, Landwirt
1781 Berlin – 1831 Wiepersdorf/Brandenburg

»Beiden wäre zu wünschen«, schrieb → Wilhelm Grimm im Juni 1816 aus Wiepersdorf an seinen Bruder Jacob, »dass sie aus dieser Lebensart herauskämen. [...] Die Kinder werden fast wie Bauernkinder aufgezogen und laufen in Kitteln, deren Zeug die Bettine selbst gewebt, [...] Arnims Haus ist [...] inwendig ziemlich verfallen, war aber mit Pracht und eigentlich fürstlich eingerichtet. [...] die Bettine führt die Haushaltung selbst, hat alles Schwere, z. B. gutes Kochen, leicht erlernt, hat aber keine Lust an diesem Wesen, daher wird ihr alles sauer und ist doch in Unordnung.« / Mit seiner Frau Bettine, einer Tochter des Frankfurter Großkaufmanns Pietro Antonio Brentano, war Achim von Arnim 1813 von Berlin nach Gut Wiepersdorf gezogen, das er von seiner Großmutter Caroline von Labes übernommen hatte. Obwohl hier berühmte Zeitgenossen wie die Brüder Alexander und → Wilhelm von Humboldt zu Gast waren, darf man sich Wiepersdorf nicht als Musenhof vorstellen. Von Arnim, einer der Hauptvertreter der literarischen Romantik, aber durchaus kein weltfremder Dichter, sah in seinem Gut die Existenzgrundlage seiner nicht gerade wohlhabenden Familie. Während Bettine, die unter dem

Eines der bekanntesten Künstlerpaare der Romantik: Bettine von Arnim (Gemälde von Achim von Arnim-Bärwalde nach einer zeitgenössischen Miniatur, 1890) und Achim von Arnim (Gemälde von Peter E. Ströhling, 1805)

kargen Landleben litt, 1817 mit den (später sieben) Kindern nach Berlin zurückkehrte und nur die Sommer in Wiepersdorf verbrachte, blieb Achim Landwirt – von seiner Frau deswegen bespöttelt, als Lieferant von Butter, Eiern, Geflügel, Wild, Obst und Gemüse aber sehr willkommen. / Achim von Arnim, den Heinrich Heine einen »der originellsten Köpfe der romantischen Schule« nannte, schrieb Prosa, Dramen und Gedichte fantastischen bis surrealen Inhalts, die heute kaum noch gelesen werden. Ein Klassiker ist allerdings »Des Knaben Wunderhorn«, eine Sammlung deutscher Volksliedtexte, die er zwischen 1805 und 1808 mit Bettines Bruder Clemens Brentano herausgab. / Bettine von Arnim, die erst nach dem Tod ihres Mannes als Schriftstellerin hervortrat, wurde durch »Goethes Briefwechsel mit einem Kinde« (1835) berühmt, eine Ausgabe zum Teil fiktiver Briefe zwischen ihr und Goethe, den sie glühend verehrte, von ihm aber als »leidige Bremse« bezeichnet wurde. Gleichwohl besaß sie viel Persönlichkeit, sie verkehrte und korrespondierte u.a. mit Ludwig Tieck und → Hermann Fürst von Pückler-Muskau. Courage bewies sie mit »Dies Buch gehört dem König« (1843), eine Kritik an sozialen Missständen in Preußen. »Frau von Arnim«, hieß es damals, »repräsentiert für die höheren Kreise in Berlin die Opposition [...].« / Die Arnims ruhen auf dem Familienfriedhof an der Wiepersdorfer Gutskirche. Der heutige Zustand des zwischen 1731 und 1738 für General Gottfried Emanuel von Einsiedel erbauten Schlosses ist geprägt durch den Maler Achim von Arnim-Bärwalde, ein Enkel des Dichterpaares, der es 1884 neobarock umgestalten ließ.

Niederer Fläming, Ortsteil Wiepersdorf, Bettina-von-Arnim-Straße 13, Schloss Wiepersdorf: Im heutigen Künstlerhaus Schloss Wiepersdorf werden Arbeitsaufenthalte für Künstler gefördert. Ein kleines Museum informiert über das Leben der Familie von Arnim. Ihre Berliner Adressen, darunter Achims Geburtshaus am Pariser Platz 4 sowie Bettines Wohnungen im ehemaligen Palais Raczynski (heute Reichstagsgelände) und In den Zelten 5 (heute Bettina-von-Arnim-Ufer) sind nicht erhalten.

Ingeborg B A C H M A N N
Schriftstellerin
1926 Klagenfurt/Österreich – 1973 Rom

Hans Werner H E N Z E
Komponist
1926 Gütersloh – 2012 Dresden

Zwischen ihnen habe es »[...] eine Art Bündnis, eine Bruderschaft, eine Wahlverwandtschaft« gegeben, sagte Hans Werner Henze über seine Freundschaft zu Ingeborg Bachmann. Bei einer Tagung der Schriftsteller-Gruppe 47 im Jahr 1952 waren sie sich erstmals begegnet. Sie verband eine enge, allerdings rein platonische Beziehung. Henze war homosexuell. / Beide lebten zeitweise in Italien, lange Zeit davon nahe beieinander in Rom. 1963 trafen sie sich in Berlin wieder. Bachmann hatte ein einjähriges Arbeitsstipendium der Ford Foundation für die Berliner Akademie der Künste erhalten – eine Gelegenheit, Distanz zum Schweizer Schriftsteller Max Frisch zu bekommen, der sich nach vierjähriger Liaison von ihr getrennt hatte. (Frisch zog 1972 selbst für einige Zeit nach Berlin in die Friedenauer Sarrazinstraße 8.) / Bachmann und Henze gehörten zu den Koryphäen ihrer Branche – sie als Lyrikerin und Erzählerin, er als einer der bedeutendsten deutschen Komponisten nach 1945. / Bachmanns Werke – erwähnt seien hier die Gedichtbände »Die gestundete Zeit« und »Anrufung des Großen Bären«, das Hörspiel »Der gute Gott von Manhattan« sowie der später verfilmte, autobiografische Roman »Malina« (1971) – sind Meisterwerke westdeutscher Literatur der

Bachmann und Henze bei den Proben zur Uraufführung von Henzes Oper »Der junge Lord« 1965 in Berlin

Nachkriegszeit. In einigen ihrer Texte spielt auch Berlin eine Rolle: »Ein Ort für Zufälle« (die später erweiterte und gedruckte Dankesrede zur Verleihung des Georg-Büchner-Preises) und der Essay »Die geteilte Stadt«. / Henze schuf ein vielfältiges, äußerst umfangreiches Werk, das Sinfonien, Kammermusik, Liedvertonungen, Ballett-, Film-, Schauspielmusik und Opern umfasst, darunter die am 6. September 2007 in der Berliner Staatsoper uraufgeführte Konzertoper »Phaedra«. / Bachmann und Henze waren nicht nur eng befreundet, sie arbeiteten auch produktiv zusammen. Er vertonte ihre Gedichte (»Nachtstücke und Arien für Sopran und großes Orchester«, 1957) und komponierte die Musik zu ihrem Hörspiel »Die Zikaden«. Sie schrieb u.a. die Libretti für seine Opern »Der Prinz von Homburg« (nach dem gleichnamigen Drama von → Heinrich von Kleist) und »Der junge Lord«, eine Auftragsarbeit für die Deutsche Oper Berlin, die am 7. April 1965 dort uraufgeführt wurde – ihre letzte gemeinsame Arbeit. / Bachmann, die sich in Berlin nicht sonderlich wohl gefühlt hatte, kehrte im November 1965 in ihre Wahlheimat Rom zurück, wo sie acht Jahre später an den Folgen schwerer Brandverletzungen starb. Die tragischen Umstände ihres Todes wurden nie völlig geklärt. Eine brennende Zigarette im Bett hatte ihr Nachthemd in Brand gesetzt, was sie, unter dem Einfluss von Alkohol und Schlaftabletten stehend, nicht schnell genug bemerkt hatte. / Auch Henze ging wieder nach Italien, wo er ab 1964 mit seinem Lebenspartner und Adoptivsohn Fausto Moroni (1944–2007) zusammenlebte.

Berlin-Grunewald, Trabener Straße 16: Im ehemaligen Wohnhaus der Ausdruckstänzerin Isadora Duncan und des Komponisten Engelbert Humperdinck lebte Hans Werner Henze in seiner Berliner Zeit.

Ingeborg Bachmann hatte zwischen Juni 1963 und Oktober 1965 Wohnungen in der Koenigsallee 53 – hier im Bild links – und in der heute baulich stark veränderten Villa Koenigsallee 35/Hasensprung 2.

Elly BEINHORN
Sportpilotin
1907 Hannover – 2007 Ottobrunn/Bayern

Bernd ROSEMEYER
Rennfahrer
1909 Lingen/Ems – 1938 Unfalltod bei Darmstadt

»Beide galten als burschikos und eben nicht hundertprozentig linientreu, was ihnen – und damit dem Dritten Reich – aber eine gewisse Akzeptanz auf dem internationalen Parkett sicherte, in deren Genuss Nazi-Offizielle in vielen Ländern schon nicht mehr gelangten.« (Christoph Frilling) Durch ihre einzigartigen Sportleistungen wurden die Pilotin Elly Beinhorn und der Autorennfahrer Bernd Rosemeyer zu gefeierten Vorzeigefiguren des sportbegeisterten NS-Regimes. / Beinhorn war seit ihrem Alleinflug mit einem Sportflugzeug nach Afrika im Jahr 1931 und ihrer aufsehenerregenden Weltumrundung vom 4. Dezember 1931 bis zum 23. Juli 1932 eine Berühmtheit – und das in einem Sport, der damals noch eine reine Männerdomäne war. Ihre folgenden Langstrecken- und Interkontinentalflüge fanden mit großer Medienbeachtung statt. / Der ›blonde Draufgänger‹ Rosemeyer, von → Max Schmeling als »moderner Gladiator« bezeichnet, war seit 1936 Europameister, fuhr zahlreiche Geschwindigkeitsrekorde, u. a. im Oktober 1937 mit mehr als 400 Stundenkilome-

Ein Traumpaar in der Welt des Sports: Elly Beinhorn und Bernd Rosemeyer

tern. / Privat galten sie als Traumpaar, aber ihr Glück war nur kurz. Beinhorn und Rosemeyer, die sich 1935 bei einem Autorennen auf dem Masaryk-Ring bei Brünn (Tschechien) kennengelernt hatten, heirateten im Juni 1936. Am 12. November 1937 kam ihr Sohn Bernd zur Welt. Zehn Wochen später verunglückte Rosemeyer tödlich. Er starb am 28. Januar 1938 auf der Autobahn bei Darmstadt, als sein Rennwagen bei einem Weltrekordversuch (über 430 km/h) von der Fahrbahn geschleudert wurde. Rosemeyer war sofort tot – und von da an einer der Helden des »Dritten Reichs«. Sein Sohn deckte später auf, dass sein Vater einen unzureichend getesteten Rennwagen gefahren war, den seine Firma Auto-Union eingesetzt hatte, um die Konkurrenz Mercedes mit ihrem Star Rudolf Caracciola zu schlagen. »Mit einem so wenig beziehungsweise gar nicht erprobten Auto«, so Bernd Rosemeyer junior, »hätten die Rekordfahrten gar nicht stattfinden dürfen.« / Beinhorn heiratete 1941 erneut, bekam eine Tochter und lebte später in München. Ihre Sensationsflüge verstand sie in Vorträgen und zahlreichen Büchern zu vermarkten, bekannt sind »Berlin-Kapstadt-Berlin. Mein 28.0000-km Flug nach Afrika« (1943), »Ich fliege um die Welt« und ihre Autobiografie »Alleinflug – mein Leben«. »Mein Mann, der Rennfahrer«, ihre Erinnerungen an ihren ersten Mann Bernd Rosemeyer, werden bis heute verlegt. / Nach Ende des Zweiten Weltkriegs flog sie wieder und erhielt zahlreiche Auszeichnungen. Ihre Flugkarriere fasziniert so sehr, dass bis heute gern ausgeblendet wird, dass sie sich, wie einst auch Rosemeyer von der NS-Diktatur hatte vereinnahmen lassen. / Bernd Rosemeyer und Elly Beinhorn, die 100 Jahre alt wurde, ruhen auf dem Waldfriedhof in Berlin-Dahlem.

Berlin-Westend, Bayernallee 10: Ihre Wohnung lag auf einem Flur mit der des Malers Emil Nolde. Vor der Hochzeit lebte Beinhorn am Kaiserdamm 25 in Berlin-Charlottenburg, Rosemeyer am Kurfürstendamm 154a.

Dietrich B O N H O E F F E R
Evangelischer Theologe, NS-Widerstandskämpfer

1906 Breslau, heute Wrocław –
hingerichtet 9. 4. 1945 KZ Flossenbürg

Maria von W E D E M E Y E R
Mathematikerin

1924 Gut Pätzig/Neumark, heute Polen – 1977 Boston/USA

»Von guten Mächten wunderbar geborgen, erwarten wir getrost, was kommen mag.« Diese berühmten Zeilen schrieb Dietrich Bonhoeffer seiner achtzehn Jahre jüngeren Verlobten Maria von Wedemeyer aus dem Gefängnis. Ihre Verbindung wurde bekannt durch ihren Briefwechsel während seiner Haft, den Wedemeyers Schwester Ruth-Alice von Bismarck 1992 unter dem Titel »Brautbriefe Zelle 92« als Buch herausgab. / Als sie ein Paar wurden, war Bonhoeffer bereits ein berühmter Theologe, Wedemeyer hatte gerade Abitur gemacht. Kennengelernt hatten sie sich bereits, als er ihrem älteren Bruder Max Konfirmandenunterricht gab. Sie trafen sich im Juni 1942 auf Gut Klein Krössin in Pommern (heute Krosinko/Polen) wieder, das Wedemeyers Großmutter Ruth von Kleist-Retzow, einer Freundin Bonhoeffers, gehörte. / Die Liebe zwischen Bonhoeffer und Wedemeyer war von Anfang an eine Verbindung mit unsicherer Zukunft, denn wegen seiner offenen Kritik am NS-Regime war er zunehmend gefährdet. Schon 1933 hatte Bonhoeffer, der eigenverantwortliches christliches Handeln über kirchliche und politische Dogmen stellte, als prägende Figur der »Bekennenden Kirche« scharfe Kritik an der einsetzenden Judenverfolgung und der passiven Haltung der Evangelischen Kirche geübt. Man entzog ihm die

Dietrich Bonhoeffer
und seine Verlobte
Maria von Wedemeyer

Lehrberechtigung, 1940 erhielt er Rede- und Publikationsverbot. Für die Widerstandsgruppe der militärischen »Abwehr« um Admiral Canaris reiste er mehrfach ins Ausland, um für ihre konspirative Arbeit zu werben. Am 5. April 1943 wurde er verhaftet. / Bis Oktober 1944 saß Bonhoeffer im Militärgefängnis Berlin-Tegel, dann im Kellergefängnis der Gestapo in der Prinz-Albrecht-Straße und im KZ Buchenwald. Während der zweijährigen Haftzeit konnten sich die Verlobten nur 18-mal für eine Stunde sehen und sprechen. »Nun sind wir fast 1 Jahr verlobt und haben uns noch nie 1 Stunde allein gesehen!«, schrieb Bonhoeffer 1944 verbittert an seinen Freund Eberhard Bethge. Aber Maria von Wedemeyer, Tochter eines pommerschen Gutsherren (das Familiengut Pätzig wurde im Zweiten Weltkrieg zerstört), verwandt und verschwägert mit den Familien von Bismarck und → von Kleist, teilte die christlichen Werte ihres Verlobten und hielt trotz aller Gefahren an ihm fest – bis er am 9. April 1945, als einer der letzten Gefangenen des NS-Regimes, im KZ Flossenbürg gehängt wurde. / Wedemeyer studierte nach Kriegsende Mathematik und machte in den USA in der IT-Branche Karriere. Ihre beiden Ehen mit einem deutschen Politikwissenschaftler, mit dem sie zwei Söhne bekam, und einem amerikanischen Unternehmer wurden geschieden. Sie starb mit nur 53 Jahren an Krebs. / »Sagten Sie, dass Sie mit Dietrich Bonhoeffer verlobt gewesen seien?«, war sie später gefragt worden. »Sie müssen sich irren. Wussten Sie nicht, dass Bonhoeffer mit Überzeugung zölibatär lebte?«

Berlin-Grunewald, Wangenheimstraße 14: Bonhoeffers Elternhaus. *Die Liberalität seiner Familie, die Nationalismus und Antisemitismus zutiefst ablehnte, legte den Grundstein zu seiner unbeugsamen Haltung im »Dritten Reich«.*

Berlin-Charlottenburg, Marienburger Allee 43, Bonhoeffer-Haus: *Der Alterswohnsitz seiner Eltern. Hier wurde er am 5. April 1943 verhaftet. Heute dient das Haus als Erinnerungs- und Begegnungsstätte, die mit einer ständigen Ausstellung über Leben und Werk Bonhoeffers informiert.*

Willy BRANDT
**SPD-Politiker, Regierender Bürgermeister von Berlin,
Bundeskanzler /** 1913 Lübeck – 1992 Unkel bei Bonn

Rut BRANDT, geb. Hansen
Sekretärin, »First Lady«
1920 Hamar/Norwegen – 2006 Berlin

Willy Brandt und die Norwegerin Rut Hansen heirateten 1948,
beide in zweiter Ehe, und waren über viele Jahre hinweg ein per-
fektes Paar. Aus einfachen Verhältnissen stammend – er war der
uneheliche Sohn einer Verkäuferin, ihr Vater arbeitete als Chauffeur und Kutscher – teilten sie die gleichen politischen Überzeugungen. Beide hatten sich in sozialistischen Jugendorganisa-
tionen und im NS-Widerstand engagiert, der Willy Brandt zuerst
ins norwegische und später ins schwedische Exil geführt hatte. /
Rut Brandt begleitete seine große politische Karriere, die in Berlin begann: Als Presseattaché der norwegischen Militärmission
beim Alliierten Kontrollrat nach 1945, als Präsident des Berliner
Abgeordnetenhauses und als Regierender Bürgermeister West-
berlins zwischen 1957 und 1966, einer weltpolitisch schwierigen
Phase, in der sich erstmals sein taktisches und diplomatisches
Talent zeigte. Um Erleichterungen für die Bevölkerung der seit
August 1961 durch die Mauer geteilten Stadt zu erreichen, setzte
Brandt statt ideologischer Abschottung auf Verhandlungen mit
Ostberlin und bewirkte mit seiner »Politik der kleinen Schritte«

Die Brandts mit Sohn Matthias, 1967 in Berlin

u. a. ein Passierscheinabkommen, das den Westberlinern wieder den Besuch ihrer Verwandten im Ostteil ermöglichte. Als Bundespolitiker – Brandt war von 1966 bis 1969 Außenminister und bis zu seinem Rücktritt nach der Enttarnung seines Mitarbeiters Günter Guillaume als DDR-Spion 1974 Bundeskanzler – erlangte er durch seine Entspannungspolitik zwischen Ost und West internationale Anerkennung. / Seit seiner Zeit als Regierender Berliner Bürgermeister waren Brandt und seine Frau, die überwiegend norwegisch miteinander sprachen, ein in der Öffentlichkeit beliebtes, glamouröses Paar, das sich, ähnlich wie John F. und Jacqueline Kennedy in den USA, versiert und sympathisch in den Medien zu inszenieren verstand. »Über die Jahre hinweg«, schreibt der Brandt-Biograf Gregor Schöllgen, »hat Rut Brandt eine ihr gemäße, sie ausfüllende Lebensweise entwickelt und zudem in der Stadt eine Popularität erreicht, die derjenigen ihres Mannes in nichts nachsteht.« Das hatte allerdings seinen Preis. »Das Familienleben«, schrieb Rut in ihren Memoiren »Freundesland«, »wurde eine öffentliche Angelegenheit.« / Am 16. Dezember 1986 wurden die Brandts nach 33-jähriger Ehe geschieden und sahen sich seitdem nie wieder. Sie wurde später nicht einmal zur Beerdigung ihres Ex-Mannes eingeladen. Willy Brandt, der immer wieder außereheliche Verhältnisse gehabt hatte, heiratete nach der Scheidung die Historikerin und Journalistin Brigitte Seebacher (geb. 1946). Rut Brandt war bis zu dessen Tod mit dem dänischen Journalisten Niels Norlund liiert. / Die Brandts sind auf dem Waldfriedhof Berlin-Zehlendorf beigesetzt, allerdings nicht nebeneinander.

Berlin-Schlachtensee, Marinesteig 14: Das Reihenhäuschen gehört zu einer 1938/39 am Schlachtensee erbauten Siedlung für Marineangehörige. Die Brandts lebten hier von 1955 bis 1964 mit ihren drei Söhnen Peter, Lars und Matthias. Später bewohnten sie die Dienstvilla des Regierenden Berliner Bürgermeisters in der Taubertstraße 19 im Grunewald.

Bertolt BRECHT
Schriftsteller, Theaterregisseur
1898 Augsburg – 1956 Berlin/DDR

Helene WEIGEL
Schauspielerin, Intendantin
1900 Wien – 1971 Berlin/DDR

Sie lernten sich 1923 in Berlin kennen und heirateten 1929, nach Brechts Scheidung von Marianne Zoff, der späteren Frau des Schauspielers Theo Lingen. 1930 wurde Tochter Barbara geboren, Sohn Stefan war schon 1924 zur Welt gekommen. Bertolt Brecht und Helene Weigel waren ein sich beruflich perfekt ergänzendes Paar. Ihre Ehe war jedoch nicht einfach, da Brecht immer wieder »untragbare Weibergeschichten« (Weigel) hatte, die er auch für seine literarische Produktion einspannte, darunter die Autorin und Übersetzerin Margarete Steffin. »Das war zwischen uns eine große Liebesbeziehung«, sagte Weigel später. »Und das hat alles sehr, sehr weh getan.« / Mit seinen kommunistischen ›Lehrstücken‹ schrieb Brecht Theatergeschichte. Die Welterfolge »Dreigroschenoper« (1928) und »Aufstieg und Fall der Stadt Mahagonny« (1930) mit der kongenialen Musik von → Kurt Weill, machten ihn zu einem der bekanntesten Dramatiker der Weimarer Republik. Weigel mit »ihrer durchdringenden Stimme und ihrem außerordentlich dramatischen Talent« (Brecht-Lexikon) avancierte zur idealen Interpretin – bis zur NS-Machterübernahme im Januar 1933. / Brecht und Weigel verließen Deutschland am 28. Februar 1933, da er als linker Dramatiker und sie als Jüdin hoch gefährdet waren. Nach vielen Stationen des Exils kehrten

*Helene Weigel
und Bertolt Brecht
in jungen Jahren*

sie erst 1948 nach Berlin zurück. Das Paar, vor dem Krieg im Westen der Stadt ansässig (Wilmersdorf, Spichernstraße 16, Charlottenburg, Hardenbergstraße 1a und Leibnizstraße 108, alle Häuser zerstört), ließ sich jetzt in Ostberlin nieder, zunächst in der Berliner Allee 190 im Ortsteil Weißensee und ab Oktober 1953 im Hinterhaus der Chausseestraße 125 in Berlin-Mitte, wo Brecht in der ersten und Weigel in der zweiten Etage lebte. / Als privilegierte DDR-Künstler hatten sie im März 1952 außerdem ein altes Atelierhaus im märkischen Kurort Buckow gepachtet, das ihr Landsitz und »Arbeits- und Gesprächsort« für prominente Künstlerkollegen wurde. Im Gärtnerhaus entstanden u.a. Brechts »Buckower Elegien«. / Mit ihrem legendären »Berliner Ensemble« im »Theater am Schiffbauerdamm«, wo 1928 bereits die »Dreigroschenoper« uraufgeführt worden war, begründeten Brecht (als künstlerischer Leiter) und Weigel (als Intendantin) in der jungen DDR eine Bühne von internationalem Ruf, wenn auch nicht immer im Sinne der Obrigkeit: »Wir waren nicht das, was sie wollten; aber sie wollten auch nicht verlieren, was sie mit uns hatten«, so Weigel. Brecht inszenierte hier eigene, z. T. im Exil entstandene Stücke, wie die »Mutter Courage«, die Weigels Paraderolle wurde. / Brecht, der am 14. August 1956 in seiner Berliner Wohnung verstarb und Weigel, die ihn um 15 Jahre überlebte, ruhen auf dem Dorotheenstädtischen Friedhof, direkt neben ihrem Berliner Wohnhaus.

Buckow, Bertolt-Brecht-Straße 30, Brecht-Weigel-Haus: *Das ehemalige Atelierwohnhaus des Bildhauers Georg Roch, 1910/11 nach Plänen des Berliner Jugendstil-Architekten Bruno Möhring am Ufer des Schermützelsees erbaut, war seit 1952 Sommersitz des Paares. Heute befindet sich hier eine Brecht-Weigel-Gedenkstätte mit den ehemaligen Wohnräumen des Paares.*

Berlin-Mitte, Chausseestraße 125: *Im Hinterhaus lag die letzte Berliner Adresse von Bertolt Brecht und Helene Weigel. Seit 1978 ist hier eine Brecht-Forschungs- und Gedenkstätte untergebracht. Weigels Wohnung ist nicht erhalten.*

Hans F A L L A D A
Schriftsteller
1893 Greifswald – 1947 Berlin

Anna D I T Z E N, geb. Issel
Putzmacherin, Gutsverwalterin / 1901 Geestemünde –
1990 Feldberg/Mecklenburg-Vorpommern

»Ich hoffe, Du bist Dir ganz klar«, schrieb Rudolf Ditzen alias
Hans Fallada an seine Braut Anna Margarete Issel, »dass Dich
eine finanziell ungewisse Zukunft erwartet, dass ich nicht ge-
sund bin, dass Du von mir keine Kinder haben wirst und haben
darfst, dass ich gesellschaftlich deklassiert bin.« / Sie lernten
sich 1928 in Hamburg kennen und heirateten am 5. April 1929.
Er war zwar von seiner jahrelangen Alkohol- und Drogensucht
vorerst geheilt, aber mittellos und wegen Unterschlagung vor-
bestraft. Anna arbeitete als Lageristin in einem Putzmacher-
geschäft – ein Paar ohne rosige Zukunftsaussichten, aber sehr
verliebt. »[…] ich bin so glücklich«, gestand er einem Freund, »wie
ich es noch nie in meinem Leben gewesen bin […].« Und sie
schrieb: »In meinem ganzen Leben habe ich kein solches Glück

Neuenhagen, Fallada-Ring 10:
Das Reihenhäuschen, in dem
Falladas Bestseller »Kleiner
Mann, was nun?« entstand.

Berkenbrück, Roter Krug 12:
Die Villa »Roter Krug«, die das
Paar 1933 bewohnte. Zu DDR-
Zeiten befand sich hier eine
Fallada-Gedenkstätte. Heute
steht das Gebäude leer und
verfällt.

Rudolf Ditzen, der sich als Schriftsteller Hans Fallada nannte, und seine Frau Anna als junges Paar

kennen gelernt.« / Sie wohnten zunächst im holsteinischen Neumünster, wo er eine Redakteursstelle gefunden hatte, bis ihm sein Verleger Ernst Rowohlt 1930 Arbeit in seinem Berliner Verlag anbot. Da Anna Ditzen und Fallada, der als Sohn eines hohen Juristen einen Teil seiner Kindheit in der Luitpoldstraße in Berlin-Schöneberg verbracht hatte (Haus nicht erhalten), nicht gern in der Großstadt lebten, bezogen sie zwei Wohnadressen im Umland: Zunächst das damals neu erbaute Reihenhäuschen in Neuenhagen und später eine Villa in Berkenbrück. / Die Zeit in Neuenhagen war wohl ihre glücklichste. 1930 wurde Sohn Ulrich, das älteste ihrer drei Kinder, geboren. Durch Falladas Teilzeitstelle in der Rezensionsabteilung des Rowohlt Verlags waren sie erstmals existenziell abgesichert – und vor allem: Fallada kam zum Schreiben. »Kleiner Mann – was nun?« (1932), sein Roman über das Schicksal eines kleinen Angestellten während der Weltwirtschaftskrise Ende der 1920er Jahre, wurde ein Welterfolg – und war nicht zuletzt ein Porträt seiner Frau, denn die weibliche Hauptfigur, das beherzte »Lämmchen«, ist niemand anderes als Anna. / Von den Honoraren kaufte das Paar die Villa »Roter Krug« im brandenburgischen Berkenbrück. Es wurde nur eine Episode. Nach kurzzeitiger Haft, die Fallada eine Kritik am Nationalsozialismus eingebracht hatte, zogen sie sich fluchtartig auf ein Landgut im mecklenburgischen Carwitz zurück. / Ihre Ehe jedoch verschlechterte sich. Fallada trank wieder, hatte Affären und war ein launischer und despotischer Ehemann und Vater. Obwohl er als ihr »Junge« immer wieder Halt bei ihr suchte, ließ sich seine Frau 1944 scheiden. Er heiratete die fast dreißig Jahre jüngere, ebenfalls drogenabhängige Ursula Losch, mit der er in Berlin-Niederschönhausen im Haus am heutigen Rudolf-Ditzen-Weg 19 lebte, bis er zwei Jahre später, erst 54-jährig, verstarb. Anna Ditzen, die ihren Ex-Mann um 43 Jahre überlebte, wohnte bis zu ihrem Tod allein im nahe bei Carwitz gelegenen Ort Feldberg.

Lion FEUCHTWANGER
Schriftsteller
1884 München – 1958 Los Angeles/USA

Marta FEUCHTWANGER
1891 München – 1987 Santa Monica/USA

Mit seinen vielfach übersetzten historischen Romanen wie »Goya«, »Die Jüdin von Toledo« und »Jud Süß«, den → Veit Harlan später als Vorlage für einen antisemitischen NS-Propagandafilm nutzte, hatte Lion Feuchtwanger internationalen Erfolg und konnte es sich leisten, seiner Frau Marta zum 40. Geburtstag eine Villa im Berliner Grunewald zu schenken. / Die Feuchtwangers stammten aus wohlhabenden Münchner Familien. Er war der Sohn eines Margarinefabrikanten, sie die Tochter eines Stoff- und Kurzwarenhändlers. Trotz materieller Sicherheit hatten beide unter der kühlen Atmosphäre ihrer Elternhäuser gelitten – vielleicht ein Grund für ihre recht frühe Heirat im Jahr 1912. Gewarnt von → Bertolt Brecht, waren sie 1925 ins liberalere Berlin gezogen, denn seit Hitlers Putschversuch am 9. November 1923 stand Feuchtwanger auf einer Verhaftungsliste der Nazis. / Nur knapp anderthalb Jahre, bis Herbst 1932, lebten die Feuchtwangers in ihrer Grunewald-Villa. Während sie sich auf einer Vortragsreise in den USA befanden, wurde das Haus von SA-Männern geplündert. Das Ehepaar kehrte nicht nach Berlin zu-

Die Feuchtwangers, 1934

rück. Feuchtwanger hatte in seinem Roman »Erfolg« (1930) bereits Kritik am aufkommenden Nationalsozialismus geübt. Er und Marta waren außerdem Juden. »Was fangen Sie wohl mit den beiden Räumen an, die meine Bibliothek enthielten? Bücher, habe ich mir sagen lassen, sind nicht sehr beliebt in dem Reich, in dem Sie leben [...]«, fragte er 1935 ironisch in einem »Offenen Brief an die Bewohner meines Hauses in der Mahlerstraße 8 [heute Regerstraße] in Berlin.« / Die Feuchtwangers gingen völlig in ihren Rollen als Dichter und Dichtergattin auf. Sie blieben kinderlos, und Marta, die keinen eigenen Beruf ausübte, umsorgte ihren Mann in jeder Beziehung: »Als ich Lion traf, fing mein Leben an.« Ob in Berlin oder ihrem späteren Wohnsitz, der Villa »Aurora« in Pacific Palisades/Kalifornien, verstand sie es, ein elegantes, exklusives Wohnambiente zu schaffen. Sie schirmte ihren Mann von Alltagsproblemen ab und achtete streng auf seine Gesundheit, wozu sein tägliches Sportprogramm gehörte. In ihrer Berliner Villa hatte sie dafür unter dem Dach eigens ein Turnzimmer und einen Dachgarten mit Dusche anlegen lassen. Marta war jedoch nicht nur Hausfrau. Gebildet und lebensklug hatte sie großen Anteil an seiner schriftstellerischen Arbeit und managte schwierige und sogar lebensbedrohliche Situationen, wie auf ihrer Flucht ins Exil. / Ihre Ehe hielt 46 Jahre lang, bis zum Tod Lions im Jahr 1958 – trotz seiner zahlreichen Liebschaften, u.a. zu seiner Sekretärin Lola Sernau. Zwar hatte auch Marta ihr eigenes Liebesleben, »über das wir aber nichts Genaues wissen«, schreibt ihr Biograf Manfred Flügge, »weil sie von großer Diskretion war und alle Dokumente vernichtete.«

Berlin-Grunewald, Regerstraße 8: Lion Feuchtwanger kaufte das Haus 1931 im Rohbau – ein Geschenk an seine Frau. Die erste Berliner Wohnung des Paares befand sich im Bezirk Wilmersdorf am Hohenzollerndamm 34 (heute steht dort ein Neubau).

Friedrich Baron de la Motte F O U Q U É
Schriftsteller, Offizier
1777 Brandenburg/Havel – 1843 Berlin

Caroline Baronin de la Motte F O U Q U É, geb. von Briest
Schriftstellerin
1775 Berlin – 1831 Schloss Nennhausen

Caroline de la Motte Fouqué, die eine weit über die damalige Mädchenerziehung hinausgehende Ausbildung erhalten hatte, schrieb ca. 20 Romane, 60 Erzählungen sowie Gedichte und kulturgeschichtliche Abhandlungen, darunter ihr Hauptwerk »Geschichte der Moden vom Jahre 1785 bis 1829. Als Beytrag zur Geschichte der Zeit«. Friedrich de la Motte Fouqué, von Heinrich Heine als »unzeitgemäßer Sänger« bespöttelt, produzierte eine Unmenge altdeutscher Rittergeschichten wie »Der Zauberring« und die »Romanzen vom Thale Ronceval«. Während beider Werke heute so gut wie vergessen sind, waren sie zu Lebzeiten populäre Schriftsteller und das im brandenburgischen Havelland gelegene Schloss Nennhausen, wo das Ehepaar Fouqué fast dreißig Jahre lang lebte, ein Musenhof der Romantiker, in dem u. a. E. T. A. Hoffmann, Joseph von Eichendorff und → Heinrich von Kleist zu Gast waren. Allerdings sahen sich die Fouqués auch gezwungen, mit dem Schreiben Geld zu verdienen, denn Nennhausen und die zugehörigen Güter waren verschuldet. / Schloss und Güter gehörten Caroline, die bereits im Alter von fünf Jahren nach Nennhausen gekommen war, als ihr Vater August von Briest das zwischen 1735 und 1737 erbaute Anwesen übernahm. Nach der

Potsdam-Sacrow, Krampnitzer Straße 9, Schloss Sacrow: Hier verbrachte Friedrich de la Motte Fouqué einen Teil seiner Kindheit.

Friedrich de la Motte Fouqué (Gemälde von Wilhelm Hensel, 1818)

Caroline de la Motte Fouqué, um 1800 (Künstler unbekannt)

Scheidung von Friedrich von Rochow, einem mit → Friedrich Eberhard von Rochow verwandten Leutnant, den sie 16-jährig geheiratet hatte und mit dem sie drei Kinder bekam, war sie in ihr Elternhaus zurückgekehrt. / Friedrich de la Motte Fouqué selbst war mittellos. Er stammte zwar aus einer wohlhabenden und angesehenen Familie – die Männer waren hohe preußische Offiziere –, hatte sein Vermögen aber seiner ersten Frau Marianne von Schubaert überlassen, um sich scheiden lassen zu können. Seine Militärlaufbahn hatte er früh beendet. / Die resolute Caroline, so → Karl August Varnhagen von Ense, soll dem weichen, verträumten Fouqué an »Natur, Charakter und Lebenssinn« »weit überlegen« gewesen sein. Er betete sie zwar als »Centralsonne meines Lebens« an, gab aber mit der Figur der Verführerin »Berthalda« in seiner berühmten Meistererzählung »Undine« (1811) ein weniger positives Bild von ihr. / Nach dem Tod seiner Frau lebte Fouqué, der auf Nennhausen nur Wohnrecht hatte, solange er nicht wieder heiratete, mit seiner dreißig Jahre jüngeren dritten Frau Albertine, geb. Tode, der ehemaligen Gesellschafterin seiner Tochter Marie, in Halle/Saale und später in Berlin. Auf dem Berliner Alten Garnisonfriedhof, Kleine Rosenthaler Straße, befindet sich sein Grab. / Schloss Nennhausen ist nicht original erhalten. Der heutige Zustand entspricht den neogotischen Umbauten des Architekten Ferdinand von Arnim aus den Jahren 1859/60. Aus der Zeit von Carolines Vater stammt der Landschaftspark, in dem sie 1831 bestattet wurde.

Nennhausen, Fouqué-Platz 4, Schloss Nennhausen: Von 1803 bis 1831 Wohnsitz von Caroline und Friedrich de la Motte Fouqué, der 1827 den »Ueberblick des Merkwürdigsten in der Geschichte des Rittersitzes und Dorfes Nennhausen« verfasste. Das Schloss wird heute teils privat, teils als Standesamt genutzt, der Park ist öffentlich zugänglich. Ihre Berliner Winterwohnungen in der Reinhardtstraße und Unter den Linden sowie Friedrichs Geburtshaus in Brandenburg/Havel sind nicht erhalten.

FRIEDRICH I.
**Kurfürst Friedrich III. von Brandenburg,
ab 1701 König in Preußen**

1657 Königsberg, heute Kaliningrad, Russland – 1713 Berlin

SOPHIE CHARLOTTE
geb. Prinzessin von Braunschweig-Lüneburg
Kurfürstin von Brandenburg, ab 1701 Königin in Preußen

1668 Iburg, heute Bad Iburg in Niedersachsen – 1705 Hannover

Sie waren Preußens erstes Königspaar: Friedrich I., ein Sohn des »großen Kurfürsten« → Friedrich Wilhelm von Brandenburg, und die Hannoveraner Prinzessin Sophie Charlotte. In ihrer Ära entstand aus den Siedlungen Berlin und Cölln eine Stadt, barocke Prachtbauten wurden errichtet, darunter das Zeughaus Unter den Linden (heute Deutsches Historisches Museum) und das Stadtschloss, das Andreas Schlüter zur repräsentativen Königsresidenz ausbaute. Auch die Berliner Akademie der Wissenschaften und die Akademie der Künste wurden gegründet. / Privat verband Friedrich und Sophie Charlotte nichts, wenngleich sie sich später miteinander arrangierten. Bereits die von ihren Eltern geplante Hochzeit am 8. Oktober 1684 – wenige Tage vor Sophie Charlottes 16. Geburtstag – stand unter keinem guten Stern. Er trauerte seiner ersten, an den Pocken verstorbenen Frau Elisabeth Henriette von Hessen-Kassel nach und Sophie Charlotte, nach den Worten des französischen Gesandten La Rossiere »eine der schönsten Frauen von Deutschland«, fand

Der erste preußische König Friedrich I. (Gemälde von Friedrich W. Weidemann, um 1701)

Königin Sophie Charlotte (Gemälde von Friedrich W. Weidemann, um 1702)

ihren Bräutigam – klein, schmächtig und bucklig – ausgesprochen unattraktiv. Sie »konnte es nicht über sich bringen, Gefühle zu zeigen, die sie nicht hatte. [...] benahm sich aber später wie eine Frau, die ihren Mann liebt«, so La Rossiere weiter. / Sophie Charlotte, nicht nur gutaussehend, sondern auch ungewöhnlich klug und gebildet, hatte außerdem Interessen, die ihr Mann nicht teilte. Sie musizierte und komponierte (ihr Cembalo ist noch heute im Schloss Charlottenburg zu sehen), liebte die Kunst und las »täglich drei bis vier Stunden, aber keine Schmöker, sondern die besten Autoren. [...] Das Vergnügen liebt sie ebenso wie der Kurfürst es haßt und sie verbringt die Hälfte ihrer Tage damit, zu tanzen, zu singen, zu lachen, zu spielen [...].« Legendär ist ihre Freundschaft mit dem Philosophen Gottfried Wilhelm Leibniz, den sie schon als Hannoveraner Hofbibliothekar kennengelernt hatte und später als ersten Präsidenten der Akademie der Wissenschaften nach Berlin berief. In Schloss Charlottenburg sprachen sie oft über die Rechtfertigung Gottes angesichts des Übels in der Welt, was Leibniz zu seinen »Essais de Théodicée« anregte. / Ohne in Berlin wirklich heimisch geworden zu sein, starb Sophie Charlotte im Alter von nur 37 Jahren während einem ihrer häufigen Besuche in ihrer Heimatstadt. Sie und ihr Mann, der nach ihrem Tod die bald in religiösen Wahn gefallene, 28 Jahre jüngere Sophie Luise von Mecklenburg-Grabow geheiratet hatte, ruhen in der Krypta des Berliner Doms in von Andreas Schlüter geschaffenen Prunksärgen. Ihr einziges überlebendes Kind wurde als Friedrich Wilhelm I. (»Soldatenkönig«) Nachfolger auf dem preußischen Thron.

Berlin-Charlottenburg, Spandauer Damm 20–24, Schloss Charlottenburg: Sophie Charlottes Sommersitz und Musenhof. Nur der zwischen 1695 und 1699 von Johann Arnold Nering und Eosander von Göthe errichtete Mittelbau stammt aus ihrer Zeit, die Seitenflügel entstanden erst nach ihrem Tod. Sophie Charlottes heute rekonstruierte Wohnräume befanden sich im Erdgeschoss der Gartenseite. Die Residenz des Königspaares befand sich im Berliner Stadtschloss, das als »Humboldt-Forum« rekonstruiert wird.

FRIEDRICH II.
König von Preußen
1712 Berlin – 1786 Potsdam

ELISABETH CHRISTINE,
geb. Prinzessin von Braunschweig-Bevern
Königin von Preußen
1715 Wolfenbüttel – 1797 Berlin

»Solange man mich Junggeselle bleiben lässt«, ließ Friedrich II. seinen Vertrauten Friedrich Wilhelm von Grumbkow wissen, »werde ich Gott danken«, andernfalls »werde ich gewiss ein sehr schlechter Ehemann sein.« Über seine damals siebzehnjährige Braut sagte er später: »[...] sie hat ein gutes Herz, aber lieben werde ich sie niemals können.« Sie dagegen war sofort verliebt und ließ zeitlebens nicht von ihrer Zuneigung ab. / Friedrich II., damals noch Kronprinz, und Elisabeth Christine von Braunschweig-Bevern heirateten am 12. Juni 1733. Es war eine von Friedrichs Vater Friedrich Wilhelm I. (»Soldatenkönig«) arrangierte Verbindung. Eheliche Beziehungen gab es nie; darüber, ob Friedrich homosexuell war, wird bis heute spekuliert. Vielleicht hat seine traumatische Kindheit bewirkt, dass Friedrich, der mit dem

Potsdam-Sanssouci, Maulbeerallee, Schloss Sanssouci: Das zwischen 1745 und 1747 von Georg Wenzeslaus von Knobelsdorff erbaute Sommerschloss war der Lieblingswohnsitz Friedrichs II. – hier ein Blick auf die Terrassenseite. Die Königin wurde niemals ins Schloss eingeladen. Sie besuchte es nur ein einziges Mal während eines Ausflugs nach Potsdam, als Friedrich verreist war.

Berlin-Niederschönhausen, Tschaikowskistraße 1, Schloss Schönhausen: Die Residenz von Elisabeth Christine. 57 Jahre lang, von 1740 bis 1797, lebte sie hier, abseits vom preußischen Hof. Das Schloss wurde 1662 als Rittergut der Familie Dohna errichtet. Von 1949 bis 1959 diente es als Residenz des ersten Präsidenten der DDR. Heute ist es ein Museum.

Friedrich II. (Gemälde von Anton Graff, 1781)

Elisabeth Christine von Preußen (Gemälde von Antoine Pesne, um 1739)

Beinamen »der Große« der bedeutendste preußische König wurde, sich nie eng an Menschen binden wollte. Sein Vater hatte ihn mit Misshandlungen und militärischem Drill erzogen. Erschütternd sind die Folgen seines gescheiterten Fluchtversuchs im Jahr 1730, der mit seiner Gefangennahme und der Hinrichtung seines Freundes und Mitwissers Hans Hermann von Katte vor seinen eigenen Augen endete – auf Befehl des Vaters. / Nach Regierungsantritt im Jahr 1740 setzte Friedrich II. Reformen um, für die er bis heute berühmt ist, hervorzuheben sind die Abschaffung der Folter und die Aufhebung der Zensur. Er brachte gleichermaßen wirtschaftlichen Aufschwung (Seiden- und Porzellanproduktion) und Glanz ins Land. Berlin und Potsdam ließ er zu repräsentativen Residenzen ausbauen. Wegen der Aufnahme von Ausländern jeder Konfession gilt er heute als Musterbeispiel preußischer Toleranz. Mehrfach führte er Eroberungskriege und machte Preußen zu einer europäischen Großmacht. / Elisabeth Christine konnte nicht mithalten. Als Prinzessin aus der Provinz war sie ihrer Rolle als Königin nicht gewachsen. Weder weltgewandt noch besonders gebildet, wirkte sie auf höfischem Parkett eher unsicher, weshalb ihre Schwiegermutter sie als »dumme Gans« bezeichnete. / Nach dem Tod seines Vaters distanzierte sich Friedrich auch öffentlich von seiner Frau. Während er sie quasi nach Schönhausen verbannte, zog er sich nach Sanssouci zurück, wo er schriftstellerte, musizierte und seine ausschließlich aus Männern bestehende Tafelrunde, an der auch der französische Philosoph Voltaire teilnahm, versammelte. Im Alter gichtkrank und misanthropisch, starb Friedrich II. hier am 17. August 1786 und ruht heute mit seinen geliebten Windhunden auf der Terrasse des Schlosses. Da er keine eigenen Kinder hatte, folgte ihm sein Neffe → Friedrich Wilhelm II. auf den Thron. / Die Königin, im Alter religiös, aber auch schwierig und zu Wutausbrüchen neigend, lebte weitere elf Jahre mit ihrem kleinen Hofstaat auf Schönhausen.

FRIEDRICH WILHELM
Kurfürst von Brandenburg

1620 Cölln an der Spree, heute Berlin – 1688 Potsdam

LOUISE HENRIETTE,
geb. Prinzessin von Nassau-Oranien

Kurfürstin von Brandenburg

1627 Den Haag/Niederlande – 1667 Berlin

Es soll vorgekommen sein, dass er ihr den Kurfürstenhut vor die
Füße warf, mit der Aufforderung, die Regierung doch gleich
selbst zu übernehmen. Friedrich Wilhelm Kurfürst von Brandenburg (»Der große Kurfürst«, reg. ab 1640) schätzte Louise Henriette, eine geborene Prinzessin von Nassau-Oranien, nicht nur als
seine Ehefrau, sondern auch als politische Beraterin, auch wenn
es gelegentlich Meinungsverschiedenheiten gab. / Kennengelernt hatten sie sich während seines Bildungsaufenthalts in den
Niederlanden. 1646 heirateten sie – auch für das Land Brandenb-
burg ein Gewinn. Louise Henriette liebte ihre neue Heimat und
wurde von der Bevölkerung wieder geliebt, obwohl sie Ausländer-
rin war, denn sie war attraktiv und klug. Ihre »Schönheit bedurf-
te keiner Nachhilfe«, hieß es in einem zeitgenössischen Bericht.
[...] Ihr Gesicht war voller Anmut [...], ihre Augen waren hell und
erhaben [...].« Die junge Kurfürstin, aus ihrer florierenden Heimat in die im Dreißigjährigen Krieg zerstörte und entvölkerte
Mark versetzt, engagierte sich beherzt für den Wiederaufbau
und unterstützte die Einwanderungspolitik ihres Mannes, der

Der große Kurfürst (Reiterstandbild von Andreas Schlüter vor dem Schloss Charlottenburg in Berlin)

Standbild der Kurfürstin Louise Henriette von Brandenburg im Schlosspark Oranienburg

gezielt um ausländische Siedler warb. Im »Edikt von Potsdam«, das er allerdings erst 1685, viele Jahre nach dem Tod Louises erließ, gewährte er Zehntausenden calvinistischen Glaubensflüchtlingen aus Frankreich Aufnahme. / Louise Henriette ließ niederländische Handwerker, Künstler und Landarbeiter nach Brandenburg holen. Besonders kümmerte sie sich um den, ihr zu Ehren später in Oranienburg umbenannten, Ort Bötzow, den ihr Mann ihr 1650 geschenkt hatte, nachdem sie sich auf einem Jagdausflug in die havelländische Umgebung verliebt hatte, die sie an ihr Heimatland erinnerte. Auch hier warb sie Kolonisten an und stiftete u.a. eines der ersten Waisenhäuser Brandenburgs (Havelstraße 29). / Schloss Oranienburg, einst Jagdschloss des Kurfürsten Joachim II., war Louises Landsitz. Sie ließ es zwischen 1651 und 1655 durch den Architekten des Berliner Stadtschlosses Johann Gregor Memhardt nach niederländischen Vorbildern umgestalten. Das Erscheinungsbild entspricht heute weitgehend den Umgestaltungen ihres Sohnes, dem ersten preußischen König → Friedrich I. Er ließ es durch Johann Arnold Nering und Johann Friedrich Eosander erweitern und repräsentativ ausstatten. Der kurfürstliche Lustgarten mit Tiergarten, Wasserspielen, Karpfenteich und einem Nutzgarten, in dem Louise Henriette die ersten Kartoffeln anbauen ließ, ist längst verschwunden. / Friedrich Wilhelm trauerte sehr um seine Frau, als sie im Alter von nur 40 Jahren an Tuberkulose starb, heiratete aus Gründen der Staatsräson jedoch bereits ein Jahr später Dorothea Prinzessin von Schleswig-Holstein-Sonderburg-Glücksburg, die – ganz ohne die gewinnende Ausstrahlung ihrer Vorgängerin – als Kurfürstin von Brandenburg eher unbeliebt blieb.

Oranienburg, Schlossplatz 1, Schloss Oranienburg: Louises Landsitz. Das älteste Barockschloss der Mark Brandenburg ist seit der Restaurierung in den Jahren 1997 bis 1999 Schlossmuseum. Die Residenz des Kurfürstenpaares befand sich im Berliner Stadtschloss, das als »Humboldt-Forum« rekonstruiert wird.

FRIEDRICH WILHELM II.

König von Preußen

1744 Berlin – 1797 Potsdam

Wilhelmine Gräfin von L I C H T E N A U, geb. Encke

Mätresse von Friedrich Wilhelm II.

1753 Dessau – 1820 Berlin

»Es wird ein lustiges Leben bei Hofe werden. […] Die Weiber werden regieren, und der Staat wird zugrunde gehen.« Das prophezeite → Friedrich II. über seinen Nachfolger – nicht ganz zu Unrecht. Friedrich Wilhelm II., seit 1786 König von Preußen, war ein Genussmensch, der die Regierungsgeschäfte seinen Ministern überließ, stattdessen ins Theater ging, Cello spielte und an Séancen der Rosenkreuzer teilnahm. Er förderte jedoch kulturelle Neuerungen, beispielsweise die deutschsprachige Literatur, die der frankophile Friedrich II. abgelehnt hatte. In der Architektur wurde das inzwischen unmoderne Rokoko durch den Frühklassizismus abgelöst. Sein eigener Sommersitz, das Marmorpalais im Potsdamer Neuen Garten, ist eines der ersten klassizistischen Schlösser Preußens. / Der Nachwelt ist Friedrich Wilhelm II. vor allem durch sein lockeres Liebesleben bekannt. Wilhelmine Gräfin von Lichtenau, Tochter eines Trompeters, die damals noch Wilhelmine Encke hieß, wurde bereits mit sechzehn seine Geliebte und stand, trotz seiner Ehe mit Friederike Luise von Hessen-Darmstadt, seiner anderen Liebschaften und Nebenehen und zahlreichen gesellschaftlichen Anfeindungen, bis zu seinem Tod in enger Beziehung zu ihm. Kennengelernt hatte sie ihn bereits im Alter von elf Jahren, als ihr Vater Mitglied der Berliner Hofkapelle wurde. Der Kronprinz ermöglichte ihr eine erstklas-

Potsdam, Behlertstraße 31, Palais Lichtenau: Blick auf die Gartenseite. Das Palais ist ein Musterbeispiel frühklassizistischer Architektur in Brandenburg. Erbaut wurde es 1796/97 von Michael Philipp Daniel Boumann, der auch das Berliner Schloss Bellevue, den heutigen Amtssitz des Bundespräsidenten, errichtete. Die Innenausstattung des Palais Lichtenau stammt von Carl Gotthard Langhans.

Friedrich Wilhelm II. (Gemälde von Anton Graff, um 1792)

Die »preußische Pompadour«: Wilhelmine von Lichtenau (Gemälde von Anna Dorothea Therbusch, 1776)

sige Ausbildung, die sie später befähigte, u. a. auf die Ausstattung des Marmorpalais Einfluss zu nehmen. Sie »[...] dilettierte in Kunstsachen und nicht ganz ohne Talent«, stellte Theodor Fontane später anerkennend fest. / Die »schöne Wilhelmine«, die mit dem König fünf Kinder hatte, von denen jedoch nur eine Tochter das Erwachsenenalter erreichte, wurde zwar 1778 offiziell als Mätresse anerkannt, musste jedoch auf Befehl Friedrichs II. vier Jahre später Johann Friedrich Ritz, den Kammerdiener und späteren Geheimen Kämmerer ihres Geliebten, heiraten, von dem sie 1796, nach ihrer Ernennung zur Gräfin von Lichtenau, wieder geschieden wurde. Für ihren Ehemann und sie wurde das nach ihr benannte Potsdamer Palais errichtet, das sie aufgrund ihrer Scheidung von Ritz jedoch nie bewohnte. Sie residierte weiterhin in ihrem Berliner Palais (1872/73 abgerissen) am Charlottenburger Schloss. / Lichtenaus Privilegien endeten, wie die aller Mätressen, mit dem Tod des Herrschers. Sein Sohn und Nachfolger → Friedrich Wilhelm III. ließ sie u. a. wegen »unrechtmäßiger Bereicherung« anklagen, ihren Besitz konfiszieren und zeitweise auf die Festung Glogau verbannen. Nach einem wechselvollen Leben – sie war später mit dem 26 Jahre jüngeren Theaterdichter Franz von Holbein verheiratet – starb die Gräfin am 9. Juni 1820: 23 Jahre nach ›ihrem‹ König.

Potsdam, Im Neuen Garten 10, Marmorpalais:
Die Sommerresidenz Friedrich Wilhelms II. – Blick über den Heiligen See. Der 1787 von Carl von Gontard begonnene Bau wurde von Carl Gotthard Langhans, dem Architekten des Brandenburger Tors in Berlin, fertiggestellt.

FRIEDRICH WILHELM III.
König von Preußen
1770 Potsdam – 1840 Berlin

LUISE, geb. Prinzessin von Mecklenburg-Strelitz
Königin von Preußen
1776 Hannover – 1810 Hohenzieritz/Mecklenburg-Vorpommern

Friedrich Wilhelm III. (reg. ab 1797) und Luise galten bis heute als preußisches Traumpaar. Ihre Hochzeit am 24. Dezember 1793 war eine Liebesheirat – in höfischen Kreisen damals eine Ausnahme –, ihre Ehe harmonisch. Beide ergänzten sich perfekt. Der König war zurückhaltend, wortkarg und entscheidungsschwach. Luise, das ganze Gegenteil, war charmant, glamourös, lebensfroh und stand ihrem Mann in politischen Fragen klug beratend zur Seite – ob bei der Berufung seiner Minister Reichsfreiherr vom und zum Stein und Fürst von Hardenberg, die die preußischen Reformen auf den Weg brachten, oder in Bündnisfragen während der Napoleonischen Kriege, mit denen sich der durch und durch friedliebende König durch die Machtansprüche Napoleons konfrontiert sah. / Friedrich Wilhelm und Luise, die mit ihrer großen Familie – zu ihren sieben Kindern gehörte der spätere → Kaiser Wilhelm I. – privat nahezu bürgerlich lebten, versuchten

Das Mausoleum im Park des Berliner Schlosses Charlottenburg wurde anlässlich von Luises Tod von Heinrich Gentz errichtet. Hier ruht sie neben ihrem Mann Friedrich Wilhelm III. Später wurden hier auch Kaiser Wilhelm I. und seine Frau Augusta bestattet.

*Friedrich Wilhelm III.
(zeitgenössisches
Gemälde, anonym)*

*Preußens Legende:
Königin Luise
(Gemälde von Elisabeth
Vigée-Lebrun, 1802)*

sich, wann immer es möglich war, Repräsentationspflichten und höfischer Etikette zu entziehen. Im Sommer verließen sie Berlin, wo sie u. a. im Kronprinzenpalais Unter den Linden und im Charlottenburger Schloss eigene Apartments besaßen (die rekonstruierte ehemalige Luisen-Wohnung im Neuen Flügel kann besichtigt werden), und zogen aufs Land: auf die Pfaueninsel mit dem romantischen Ruinenschlösschen, das → Friedrich Wilhelm II. einst für sich und seine Mätresse Wilhelmine von Lichtenau hatte errichten lassen, oder ins havelländische Paretz – ihr bekanntester Wohnsitz, in dem sie zwischen 1797 und 1806 unbeschwerte Sommer verbrachten. Schloss Paretz hatten sie sich durch David Gilly erbauen lassen – nicht als prachtvolle Königsresidenz, sondern im Stil eines einfachen Gutshauses. In die Neugestaltung einbezogen wurde auch das Dorf, das mit den einstigen Wirtschaftsgebäuden und der kleinen Kirche heute ein Musterbeispiel preußischer Architektur um 1800 ist. Ungezwungen und volksnah genossen sie hier das Landleben, wie es Theodor Fontane in seinen »Wanderungen durch die Mark Brandenburg« voller Sympathie für das preußische Königspaar beschrieben hat. Am jährlichen Erntefest nahmen sie als ›Gutsherren‹ teil. »Die Königin mischte sich in die lustigen Tänze«, schrieb General von Köckritz später. »Hier war Freiheit und Gleichheit [...].« / Mit der preußischen Niederlage gegen die napoleonische Armee endete die glückliche Zeit des Königspaares. 1806 flohen sie ins ostpreußische Memel und kehrten erst 1809 nach Berlin zurück. Im darauffolgenden Jahr starb Luise im Alter von nur 34 Jahren überraschend an einer Lungenentzündung. Für Friedrich Wilhelm, der 1824 die junge Auguste Fürstin von Liegnitz heiratete, blieb seine erste Frau, Preußens »Königin der Herzen«, zeitlebens unvergessen.

Ketzin/Havel, Ortsteil Paretz, Parkring 1, Schloss Paretz: Der ehemalige Sommersitz des preußischen Königspaares. Seine Wohnräume sind heute als Schlossmuseum zugänglich.

Heinrich G E O R G E
Schauspieler, Theaterintendant
1893 Stettin, heute Szczecin – 1946 Sachsenhausen

Berta D R E W S
Schauspielerin
1901 Berlin – 1987 Berlin

Heinrich George und Berta Drews gehörten zu den großen Schauspielerpaaren ihrer Zeit, die ihre in der Weimarer Republik begonnene Karriere nach 1933 nicht nur problemlos fortsetzen konnten, sondern sogar zur Kulturelite des »Dritten Reichs« aufrückten, ohne selbst überzeugte Nazis zu sein. Als Intendant des Schillertheaters nutzte George seine privilegierte Stellung sogar und nahm auch politisch gefährdete Kollegen unter Vertrag. / George und Drews heirateten im Herbst 1933. Ihr erster Sohn, der spätere Fotograf Jan George, war bereits 1931 zur Welt gekommen. 1938 wurde Sohn Götz George geboren, heute selbst ein prominenter Schauspieler, der im Spielfilm »George« (2013) seinen Vater spielte. Standesgemäßer Wohnsitz der Familie war die Villa am Ufer des Kleinen Wannsees, die Heinrich George, der mit seinen Rollen ein Vermögen verdiente, im Jahr vor seiner Hochzeit hatte umgestalten lassen. / Er gehörte seit den 1920er Jahren zu den Stars des Deutschen Theaters und der Berliner Volksbühne. Mit seiner massigen Statur verkörperte er unnachahmlich ausdrucksstark Goethes »Götz von Berlichingen«, Schil-

*Heinrich George und
Berta Drews in Schillers
Drama »Götz von
Berlichingen«, 1937 am
Berliner Schillertheater*

lers »Wallenstein« oder Ibsens »Peer Gynt«. Seine Rolle des »Franz Biberkopf« in der Verfilmung von Alfred Döblins Erfolgsroman »Berlin Alexanderplatz« machte ihn auch im Kino bekannt. / Auch Berta Drews, acht Jahre jünger als ihr Mann, ausgebildet am Max-Reinhardt-Seminar in Berlin, und an so prominenten Adressen wie den Münchner Kammerspielen, der Berliner Volksbühne und dem Schillertheater engagiert, spielte in bedeutenden Klassikern: die »Marthe Schwertlein« in Goethes »Faust« oder die »Königin Elisabeth« in Shakespeares »Richard III.« Nach 1933 ließen sich beide für NS-Propagandafilme einspannen, darunter »Hitlerjunge Quex« (1933), in dem George, der einst selbst mit der KPD sympathisiert hatte, einen zum Nationalsozialismus bekehrten Kommunisten spielt. Vor allem jedoch durch seine Rolle des Herzogs Karl Alexander von Württemberg in → Veit Harlans antisemitischen Propagandafilm »Jud Süß« (1940) hat er seinem Ruf nachhaltig geschadet. / Glück und Ruhm endeten abrupt: George wurde im Sommer 1945 in seiner Wannsee-Villa als Repräsentant des NS-Regimes verhaftet und starb am 26. September 1946 im sowjetischen Internierungslager Sachsenhausen (Brandenburg) – geschwächt durch die Haft – nach einer Blinddarmoperation. Seine Gebeine wurden 1994 auf den Zehlendorfer Friedhof in der Onkel-Tom-Straße überführt. / Berta Drews, die ihren Mann um mehr als 40 Jahre überlebte, konnte ihre Karriere als Theater- und Filmschauspielerin nach 1945 wieder aufnehmen. Sie spielte am Berliner Hebbel- und am Schillertheater sowie in zahlreichen Unterhaltungsfilmen. In Volker Schlöndorffs Grass-Verfilmung »Die Blechtrommel« (1979) verkörperte sie die Großmutter Anna Koljaiczek.

Berlin-Wannsee, Bismarckstraße 34: *Standesgemäßer Wohnsitz eines berühmten Schauspielerpaares – die Villa am Kleinen Wannsee mit einem 8000 Quadratmeter großen, baumbestandenen Garten. Heinrich George und Berta Drews lebten hier von 1933 bis 1945.*

Jacob GRIMM
Jurist, Sprachwissenschaftler, Volkskundler, Bibliothekar
1785 Hanau – 1863 Berlin

Wilhelm GRIMM
Jurist, Sprachwissenschaftler, Volkskundler, Bibliothekar
1786 Hanau – 1859 Berlin

»Denn lieber Wilhelm wir wollen uns einmal nie trennen«, schrieb Jacob an seinen ein Jahr jüngeren Bruder 1805 aus Paris. Die weltberühmten Märchensammler Jacob und Wilhelm Grimm verband eine ungewöhnlich enge Lebens- und Arbeitsgemeinschaft. Bis auf wenige, meist durch Reisen bedingte Trennungen, blieben sie beieinander – ob als Bibliothekare in Kassel oder als Professoren in Göttingen und Berlin. Als Wilhelm 1825 die Kasseler Nachbarstochter Dorothea Wild (1793–1867) heiratete, zog Jacob, der zeitlebens unverheiratet blieb, mit in den Haushalt seines Bruders, zu dem bald dessen Kinder, der spätere Kunsthistoriker Herman, der Jurist und Schriftsteller Rudolf und die Tochter Auguste gehörten. / In nebeneinanderliegenden Arbeitszimmern entstanden die großen Werke der Grimms. Jacob gab eine »Deutsche Grammatik«, »Die Geschichte der deutschen Sprache« und »Die deutschen Sagen« heraus. Das Hauptwerk Wilhelms, aufgrund seiner Herzerkrankung oft nicht so leistungsfähig wie sein Bruder, ist »Die deutsche Heldensage«. / Berühmt wurden die Brüder durch ihre gemeinsamen Arbeiten, ganz besonders durch ihre Sammlung deutscher »Kinder- und Hausmärchen«, das »wohl bekannteste Buch deutscher Sprache« (Deutsche Biographische Enzyklopädie), das in über 160 Spra-

Die Brüder Jacob und Wilhelm (links) Grimm (Gemälde von Elisabeth Jerichau-Baumann, 1855. Das Bild diente später als Vorlage für den 1000-DM-Schein)

chen übersetzt wurde. Dass die Märchen nicht nur zusammengetragen, sondern vor allem von Wilhelm literarisch bearbeitet wurden, hat entschieden zu ihrer Popularität beigetragen. Vor allem durch das monumentale, 1838 begonnene und erst 1961, mehr als 100 Jahre nach ihrem Tod, abgeschlossene »Deutsche Wörterbuch« – heute 32 Bände umfassend – gehören die Brüder zu den bedeutendsten deutschen Sprachwissenschaftlern. Sie waren jedoch nicht nur akribische Sammler, sondern auch politische Denker. Mit ihren Forschungen zu deutschen Märchen und Sagen, zur Mythologie und Sprache wollten sie zur nationalen Identität aller Deutschen beitragen – sicher, weil sie Napoleons Besatzung in Kassel hautnah miterlebt hatten. »was haben wir denn gemeinsames, als unsere sprache und literatur?«, schrieb Jacob Grimm im Vorwort zum »Deutschen Wörterbuch« in der von ihm bevorzugten Kleinschreibung. / Darüber hinaus bekannten sie sich zu einer bürgerlich-liberalen Gesellschaftsauffassung; Jacob wurde Abgeordneter der Nationalversammlung in der Frankfurter Paulskirche. 1837 beteiligten sich beide an der Protestaktion Göttinger Professoren (»Göttinger Sieben«), nachdem Ernst August II. König von Hannover die liberale Landesverfassung aufgekündigt hatte – und verloren ihre Professuren. / In Berlin, wo die Brüder seit 1841 lebten, erinnert heute nur noch ihre Grabstätte an sie. Ihre Wohnadressen in Berlin-Tiergarten, Lennéstraße 8, Alte Potsdamer Straße 5 bzw. Linkstraße 7 und 45 sowie die Dorotheenstraße 47 im Bezirk Mitte sind nicht erhalten.

Berlin-Kreuzberg, Großgörschenstraße 12, Alter St.-Matthäus-Kirchhof: Das Grab der Brüder Grimm. Links neben ihnen ruhen Herman und Rudolf, die Söhne von Wilhelm Grimm.

Am Haus Huth auf dem Gelände des Potsdamer Platzes erinnert eine Gedenktafel an das letzte, nicht erhaltene Wohnhaus der Brüder Grimm (damals Linkstraße 7).

Fritz H A B E R
Chemiker
1868 Breslau, heute Wrocław – 1934 Basel

Clara H A B E R, geb. Immerwahr
Chemikerin / 1870 Polkendorf bei Breslau,
heute Wojczye bei Wrocław – 1915 Berlin

Beide stammten aus jüdischen Breslauer Bürgerfamilien, beide
hatten Chemie studiert – gute Voraussetzungen für eine harmo-
nische Beziehung. Die Ehe zwischen Fritz und Clara Haber war
jedoch immer belastet durch das damalige weibliche Rollenbild.
Während ihm eine wissenschaftliche Laufbahn offenstand, hatte seine Frau kaum Berufschancen. / Fritz Haber war nicht zuletzt wegen seiner Fähigkeit, enge Verbindungen zur Industrie
zu knüpfen, 1896 außerordentlicher Professor für technische
Chemie an der TH Karlsruhe und 1911 Direktor des Kaiser-Wilhelm-Instituts für physikalische Chemie in Berlin geworden.
Clara Haber, eine Tochter des Chemikers und Landwirts Philipp
Immerwahr, begleitete ihren Mann auf seinen Karriere-Sta-
tionen, aber nicht als Berufskollegin, sondern als Ehe-, Hausfrau
und Mutter – obwohl sie ebenso viel naturwissenschaftliches
Talent und beruflichen Ehrgeiz bewiesen hatte. Nach einer für
Frauen aus ihren Kreisen damals üblichen Lehrerinnenaus-
bildung hatte sie ein Chemie-Studium durchgesetzt und im Jahr
1900 zum Thema »Beiträge zur Löslichkeitsbestimmung schwer-
löslicher Salze des Quecksilbers, Kupfers, Bleis, Cadmiums und
Zinks« promoviert. In der Breslauer Zeitung vom 22. Dezember

Fritz Haber, um 1919
Clara Haber, um 1890

1900 als »unser erster weiblicher Doktor« gefeiert, arbeitete sie als Laboratoriumsassistentin bei Richard Abegg – bis zu ihrer Heirat mit Fritz Haber im Jahr 1901. Als Ehefrau kümmerte sie sich nun um den Haushalt und den 1902 geborenen Sohn Hermann und kam kaum noch zu eigener wissenschaftlicher Tätigkeit. Sogar ihre Vorträge zu »Naturwissenschaften im Haushalt«, die sie gelegentlich in Frauenvereinen hielt, wurden ihrem Mann zugeschrieben: »Ihr Mann hat sie aber vieles gelehrt.« / Zu heftigen Konflikten zwischen ihnen kam es zu Beginn des Ersten Weltkriegs. Im Gegensatz zu → Otto Hahn, der schwere Bedenken hatte, war Fritz Haber maßgebend an der Herstellung von Giftgas und seiner militärischen Nutzung beteiligt – für seine Frau eine Perversion der Wissenschaft. Sie erschoss sich am 2. Mai 1915 im Garten ihres Berliner Hauses mit der Dienstpistole ihres Mannes, der gerade zum Hauptmann befördert von der Ostfront zurückgekehrt war. Er hatte ihr vorgeworfen, ihm und Deutschland durch ihre ablehnende Haltung in den Rücken gefallen zu sein, was jedoch nicht in die Öffentlichkeit durchdrang. »Die Gründe zur Tat der unglücklichen Frau«, schrieb die Grunewald-Zeitung, »sind unbekannt.« / Fritz Haber wurde nach Kriegsende als Kriegsverbrecher betrachtet, war aber nach der Verleihung des Nobelpreises (für Ammoniaksynthese, die Grundlage für künstliche Stickstoffdüngemittel) wieder ein angesehener Mann. Er heiratete ein zweites Mal und beschäftigte sich erneut mit chemischen Kampfstoffen für die Reichswehr, bis er als Jude nach 1933 ausgegrenzt wurde.

Berlin-Dahlem, Faradayweg 8: Fritz Habers Dienstvilla – ein Bau von Ernst von Ihne, dem Lieblingsarchitekten Kaiser Wilhelms II. Im Garten der Villa erschoss sich Clara Haber Anfang Mai 1915 – aus Verzweiflung über die Giftgasexperimente ihres Mannes.

Werner von HAEFTEN
Jurist, Offizier, NS-Widerstandskämpfer
1908 Berlin – erschossen 20.7. 1944 Berlin

Reinhild Gräfin von HARDENBERG
Sekretärin, Dolmetscherin
geboren 1923

»Trotz seiner Verwundung von ununterdrückbarer Fröhlichkeit. Liebenswürdig, witzig, vollkommen furchtlos. Unbeirrbarer Gegner des Regimes.« So beschrieb die Journalistin Ursula von Kardorff den jungen Offizier Werner von Haeften. / Im Sommer 1943 kam er erstmals nach Schloss Neuhardenberg und gewann das Herz der zwanzigjährigen Reinhild Gräfin von Hardenberg, einer der Töchter des Schlossherrn. Kurz darauf verlobten sie sich. Ein Jahr später war Haeften tot. / Reinhilds Vater, der Großgrundbesitzer und Kommunalpolitiker Carl-Hans von Hardenberg hatte das märkische Gut zum konspirativen Treffpunkt der Hitler-Gegner gemacht. »Seit Kriegsbeginn«, schrieb Reinhild von Hardenberg später, »trafen außer alten Freunden auch ganz neue Gäste in Neuhardenberg ein. Übers Wochenende besuchten uns jetzt oft von Berlin aus junge Offiziere, die beileibe nicht nur anreisten, um uns Töchtern, wie meine Eltern später bei der Gestapo aussagten, ›den Hof zu machen‹.« / Haeften, heute nahezu vergessen, war damals Adjutant von → Claus Schenk Graf von Stauffenberg, dem Kopf der Staatsstreich-Pläne »Operation Walküre« und des Hitlerattentats vom 20. Juli 1944. Obwohl gläubiger Christ, war Haeften zum ›Tyrannenmord‹ entschlossen und flog am Morgen des 20. Juli mit Stauffenberg ins ostpreußische

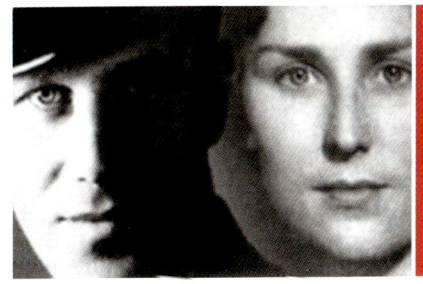

Werner von Haeften und Reinhild von Hardenberg als Verlobte

Führerhauptquartier Wolfschanze, um Hitler durch ein Sprengstoffattentat zu töten. Haeften entsicherte den Sprengstoff, den Stauffenberg in einer Aktentasche im Lagebesprechungsraum deponierte. Er selbst hatte dort keinen Zutritt. Nach der Detonation von Hitlers Tod überzeugt, reisten sie zur Durchführung des Staatsstreichs nach Berlin zurück, die Pläne wurden aber aufgedeckt und beide mit weiteren Mitverschwörern in der Nacht zum 21. Juli im Hof des Berliner Bendlerblocks (heute Bundesverteidigungsministerium und Gedenkstätte Deutscher Widerstand) erschossen. / Reinhild von Hardenberg kam am 24. Juli 1944 ins Frauengefängnis Berlin-Moabit. »Ich selbst war zwar nie unmittelbar in die Gespräche einbezogen, aber durch die Sekretärinnentätigkeit für meinen Vater war ich in vieles eingeweiht und an der Organisation der Treffen beteiligt.« Nach fünf Monaten, teilweise in Einzelhaft, wurde sie plötzlich entlassen und brach erst jetzt nervlich zusammen. Den Gestapo-Verhören hatte sie standgehalten und nur Verstorbene belastet. In ihrer Akte stand: »Weiß mehr als sie zugibt.« Ihr Vater, der am gleichen Tag verhaftet worden war – vergeblich hatte er bei Eintreffen der Gestapo versucht, sich in der Bibliothek zu erschießen – überlebte das KZ Sachsenhausen. / Reinhild von Hardenberg lebte nach Kriegsende in Westdeutschland, arbeitete als Englisch-Dolmetscherin und Sekretärin und war lange Zeit Geschäftsführerin der Deutsch-Mexikanischen Gesellschaft. Sie heiratete nie. In ihrem Buch »Auf immer neuen Wegen« (2003) erinnert sie an ihren Verlobten.

Neuhardenberg, Schinkelplatz, Schloss Neuhardenberg: *Es gehörte ursprünglich dem preußischen Reformer und Staatskanzler Karl August von Hardenberg, einem Urururgroßonkel von Reinhild von Hardenberg. Heute wird es als Hotel/Restaurant und für kulturelle Veranstaltungen genutzt. Während der Sommermonate kann es sonntags besichtigt werden.*
Die Dorfkirche, wie das Schloss ein Umbau des preußischen Oberbaudirektors Karl Friedrich Schinkel. An der Rückseite der Kirche befindet sich das Familienbegräbnis der Hardenbergs.

Otto HAHN
Radiochemiker
1879 Frankfurt/Main – 1968 Göttingen

Lise MEITNER
Physikerin
1878 Wien – 1968 Cambridge/Großbritannien

Sie wurden berühmt durch ihre gemeinsamen Forschungen: der Radiochemiker Otto Hahn und die Physikerin Lise Meitner. Privat waren sie kein Paar. Hahn war seit 1913 mit Edith Junghans verheiratet, mit der er einen Sohn hatte; Meitner blieb alleinstehend. / Ihre bahnbrechenden Untersuchungen zur Radiochemie begannen 1906 in Berlin, zunächst in einem provisorisch hergerichteten Laboratorium im Chemischen Institut der Friedrich-Wilhelms-Universität (Berlin-Mitte, Hessische Straße 1–2), das Meitner nur durch den Kellereingang betreten durfte, da Frauen in der Wissenschaft zu dieser Zeit noch ›undenkbar‹ waren. Ab 1912 arbeiteten sie gemeinsam in der radiochemischen Abteilung des neu gegründeten Kaiser-Wilhelm-Instituts für Chemie in der Dahlemer Thielallee 63, dessen Direktor Hahn 1926 wurde (heute Otto-Hahn-Bau der Freien Universität). Meitner hatte 1922 als erste Frau in Physik habilitiert und lehrte als erste Physik-Professorin an der Berliner Universität. / Mehr als dreißig Jahre entdeckten und erforschten sie radioaktive Elemente und Isotope – bis Meitner als Jüdin in Nazideutschland nicht mehr sicher war. Als österreichische Staatsbürgerin bis

Gedenktafel an Hahns Wohnhaus mit der Mainauer Erklärung gegen den Krieg

*Otto Hahn und Lise Meitner
in ihrem Berliner Laboratorium, 1919*

1938 relativ geschützt, war auch sie nach dem ›Anschluss‹ Öster-
reichs durch die NS-Rassengesetze bedroht. Sie floh nach Schweden; Hahn gab ihr für Notfälle einen Brillantring aus dem Erbe
seiner Mutter. Mehr konnte er nicht für sie tun. An einem physi-
kalischen Institut in Stockholm fand Meitner eine neue, wenn
auch nicht allzu gut bezahlte Arbeit. »Es wird sicher kein Tag ver-
gehen«, schrieb sie Ende August 1938 an »Hähnchen«, »an dem
ich nicht mit Dankbarkeit und Sehnsucht an unser freundliches
Zusammensein, an die gemeinsame Arbeit und an das Institut
denken werde.« / Sie nahm jedoch brieflich weiter an Hahns Forschungen teil. Als er und sein Assistent Fritz Straßmann in ihrem
Berliner Laboratorium Ende 1938 Uran mit Neutronen bestrahl-
ten, erkannte sie als erste, was ihnen gelungen war: die Kernspaltung. Trotzdem wurde Hahn 1946 der Nobelpreis für Chemie
allein zugesprochen. Er ließ Meitner in seiner Dankesrede allerdings nicht unerwähnt und gab ihr einen Teil des Preisgeldes,
das sie spendete. Anerkennung erhielt sie später immerhin
durch Preise, Ehrendoktorwürden und vielbeachtete Gastvor-
lesungen in den USA. / Der Kontakt zwischen Meitner, die 1960
aus Stockholm zu ihrem Neffen ins britische Cambridge übersie-
delte, und Hahn, der später in Göttingen lehrte, bestand, trotz
aller Belastungen, lebenslang. Entsetzt über den Abwurf der
Atombombe auf die japanischen Städte Hiroshima und Nagasa-
ki im August 1945 – durch die Entdeckung der Kernspaltung hatten Hahn und Meitner die Entwicklung von Atomwaffen erst er-
möglicht – engagierten sie sich fortan für die friedliche Nutzung
der Kernenergie.

*Berlin-Dahlem, Altensteinstraße 48: In diesem Haus lebte Otto Hahn
von 1929 bis 1944. Seine Kollegin Lise Meitner hatte, bis zu ihrer
Emigration im Jahr 1938, eine Wohnung in der Direktoren-Villa des
ehemaligen Kaiser-Wilhelm-Instituts für Chemie in der Dahlemer
Thielallee 67 (nicht erhalten).*

Elise H A M P E L, geb. Lemme

Hausmädchen, Hilfsarbeiterin, NS-Widerstandskämpferin
1903 Bismark/Sachsen-Anhalt –
hingerichtet 8. 4.1943 Berlin-Plötzensee

Otto Hermann H A M P E L

Arbeiter, NS-Widerstandskämpfer / 1897 Mühlbock bei
Posen, heute Poznan – hingerichtet 8. 4.1943 Berlin-Plötzensee

»Im Sinne der Gerechtigkeit gibt es nur eins: Nieder mit dem schurkischen Hitlerregime! Dieses bringt Not, Elend und Tod! Nie einen Frieden«, heißt es auf einer Postkarte von Elise und Otto Hampel aus dem Jahr 1941. Zwei Jahre lang, zwischen September 1940 und ihrer Verhaftung Ende Oktober 1942, verfasste das Berliner Ehepaar handschriftliche Postkarten und Zettel gegen das NS-Regime, die sie vor allem in ihrem Wohnviertel und vereinzelt im weiteren Stadtgebiet in Treppenhäusern auslegten oder in Briefkästen warfen. / Die Hampels waren einfache Leute, sie war Hausfrau, er Arbeiter im Kabelwerk von Siemens-Schuckert. Seit 1934 lebten sie in ihrer Wohnung im Berliner Arbeiterbezirk Wedding. 1937 hatten sie geheiratet, Otto in zweiter Ehe. / Was brachte ein einfaches, politisch nicht organisiertes Arbeiterpaar, dem das Schreiben und Formulieren schwer fiel, dazu, gegen die Hitler-Diktatur aktiv zu werden? Der Tod von Kurt Lemme, Elises Bruder, der 1940 in Frankreich fiel, so gaben sie später an, hatte sie zu NS-Gegnern werden lassen. / Nahezu alle ihrer ca. 234 Postkarten landeten sofort bei der Gestapo. Dennoch dauerte es zwei Jahre, bis die Hampels gefasst werden konnten. Beim Auslegen einer Postkarte am Nollendorfplatz von einer An-

Berlin-Wedding, Amsterdamer Straße 10: An der Stelle des Neubaus befand sich von 1934 bis zu ihrer Verhaftung im Oktober 1942 die Wohnung des Ehepaares Hampel. Das Haus wurde 1943 bei einem Bombenangriff zerstört.

Durch Hans Falladas Roman »Jeder stirbt für sich allein« wurde ihr Widerstand gegen Hitler bekannt: Das Arbeiterehepaar Elise und Otto Hampel

wohnerin beobachtet und denunziert, wurden sie vom »Volksgerichtshof« wegen »Zersetzung der Wehrkraft« und »Vorbereitung zum Hochverrat« zum Tode verurteilt und am 8. April 1943 in Berlin-Plötzensee durch die Guillotine hingerichtet. / Erschütternd sind ihre Aussagen, in denen sie sich gegenseitig beschuldigten. Elise Hampel behauptete, ihr Mann habe ihre Trauer um ihren Bruder ausgenutzt, um sie »in diese Verwirrungen und Verirrungen zu treiben«. Otto Hampel, der nach seiner Verhaftung noch geäußert hatte, »glücklich bei dem Gedanken« gewesen zu sein, gegen Hitler und sein Regime protestiert zu haben, gab in seiner unbeholfenen Rechtschreibung zu Protokoll, er habe sich von seiner Frau zum Verteilen der Postkarten verleiten lassen: »Ihr dauerndes getöse und Unzufriedenheit und drängen zum verbreiten ergab es das so lange zeit die Karten in Erscheinung kamen.« / Die Hampels wären heute wahrscheinlich vergessen, wenn nicht → Hans Fallada ihre Gestapoakten studiert und ihnen in seinem letzten Roman »Jeder stirbt für sich allein« (1947) ein literarisches Denkmal gesetzt hätte – wenngleich er vieles variierte und hinzu erfand, das Ehepaar in Quangel umbenannte, sie älter machte und den Schauplatz vom Wedding in die Jablonskistraße im Ostberliner Bezirk Prenzlauer Berg verlegte. / Mehr als 60 Jahre nach Erscheinen des Romans wurden die englische Übersetzung unter dem Titel »Every Man Dies Alone« (USA) und »Alone in Berlin« (Großbritannien) sowie die deutsche, erstmals vollständige Neuausgabe des Aufbau Verlags zu Bestsellern.

Eine ihrer Postkarten, mit denen sie gegen das NS-Regime protestierten.

Veit HARLAN
Schauspieler, Regisseur
1899 Berlin – 1964 Capri

Kristina SÖDERBAUM
Schauspielerin
1912 Stockholm – 2001 Hitzacker bei Hamburg

Der »Naziregisseur Nr. 1« und die »Reichswasserleiche«: Veit Harlan und Kristina Söderbaum gehörten zu den prominentesten Paaren im NS-Filmgeschäft. **/** Die schwedische Schauspielerin, die perfekt das nationalsozialistische Ideal der blonden, reinen und leidensfähigen ›germanischen Frau‹ mit meist tragischem Schicksal verkörperte – als Filmfigur ertränkte sie sich mehrfach –, wurde 1937 von Harlan entdeckt und spielte die weibliche Hauptrolle in allen seinen folgenden Filmen. Angebote anderer Regisseure lehnte sie ab. Nach Harlans Scheidung von der Schauspielerin Hilde Körber heirateten sie und bekamen zwei gemeinsame Kinder. Vergeblich hatte NS-Reichspropagandaminister Joseph Goebbels zuvor versucht, Harlan zu einer Scheinehe mit seiner Geliebten, der tschechischen Schauspielerin Lida Baarova, zu überreden, um seine eigene außereheliche Affäre zu vertuschen. **/** Harlan, anfangs selbst ein erfolgreicher Theater- und Filmschauspieler, machte als »Goebbels Starregisseur« Karriere, indem er sich in dessen demagogische Maschinerie einspannen ließ und eine Reihe von NS-Propagandafilmen drehte, darunter

Veit Harlan und Kristina Söderbaum – eines der prominentesten Paare im NS-Filmgeschäft

»Der große König«, ein Film über das Kriegsgeschick des preußischen Königs → Friedrich II. – natürlich mit deutlicher Anspielung auf den ›großen Feldherren‹ Hitler. Gegen Kriegsende entstand der ›Durchhaltefilm‹ »Kolberg« – mit 150.000 Soldaten als Statisten und mehr als acht Millionen Reichsmark Produktionskosten der wohl bombastischste Film der NS-Zeit. Bis heute berüchtigt ist vor allem Harlans »Jud Süß« (1939/40), ein antisemitisches Filmmachwerk nach → Lion Feuchtwangers gleichnamigem Roman über den Württembergischen Hofjuden Joseph Süß Oppenheimer. Historiker wiesen später darauf hin, dass Harlan, selbst weder Antisemit noch NSDAP-Mitglied, den Film anfangs nicht machen wollte, sich aber Goebbels' Druck beugte: »Ich kann sie zerquetschen wie eine Wanze an der Wand. Sie wissen doch, was geschieht, wenn ein Soldat sich weigert, einen dienstlichen Befehl im Kriege auszuführen – Sie, Herr Harlan, sind auch Soldat [...] auch wenn Sie keine Uniform tragen!« Der Film, der zu judenfeindlichen Aktionen aufwiegeln sollte, wurde bis Kriegsende von 20 Millionen Zuschauern gesehen. / 1949/50 stand Harlan in zwei aufsehenerregenden Prozessen vor Gericht, wurde aber von dem Vorwurf, mit »Jud Süß« zur Judenverfolgung und zu »Verbrechen gegen die Menschlichkeit« beigetragen zu haben, freigesprochen. Seine in der Nachkriegszeit gedrehten Unterhaltungsfilme – meist wieder mit Söderbaum in der Hauptrolle – blieben jedoch weiterhin von Protesten begleitet. / Söderbaum, die auch privat fest zu ihrem Mann gestanden hatte, arbeitete nach seinem Tod als Fotografin. Im Horrorfilm »Night Train to Venice« (1993) stand sie das letzte Mal vor der Kamera.

Berlin-Westend, Westendallee 71/Ecke Brixplatz: Eine der Wohnadressen Veit Harlans – 1937 erwarb er das heute baulich veränderte Haus des prominenten Berliner Architekten Hans Poelzig in der Tannenbergallee 28, das dessen junge Ehefrau Marlene 1930 entworfen hatte. Dort lebte er mit Kristina Söderbaum.

Arvid H A R N A C K

Jurist, Wirtschaftswissenschaftler, NS-Widerstandskämpfer
1901 Darmstadt – hingerichtet 22.12.1942 Berlin-Plötzensee

Mildred H A R N A C K, geb. Fish

**Literaturwissenschaftlerin, Übersetzerin, NS-Wider-
standskämpferin /** 1902 Milwaukee/Wisconsin, USA –
hingerichtet 16.2.1943 Berlin-Plötzensee

»Sie hatten sich im Frühjahr 1926 an der Universität Wisconsin
kennen gelernt. Der Stipendiat des Laura Spelman Rockefeller
Memorials war auf der Suche nach seinem Professor und geriet
in eine Vorlesung über amerikanische Literaturgeschichte. Er
blieb gebannt sitzen und war gefangen von der Ausstrahlung
dieser blonden jungen Frau. Anschließend sprach er sie an. Bereits nach wenigen Monaten, am 7. August 1926, heirateten sie.«
(Hans Coppi jun.) Arvid und Mildred Harnack passten ausgezeichnet zueinander. Sie stammten aus etablierten Elternhäusern. Er war der Sohn des Literaturwissenschaftlers Otto Harnack
und der Neffe des renommierten Theologen Adolf von Harnack.
Mildred kam aus einer amerikanischen Kaufmannsfamilie.
Beide waren hochgebildete Akademiker und politisch links stehend. / 1929 gingen sie gemeinsam nach Deutschland, zunächst
nach Gießen, wo Arvid promovierte, und 1930 nach Berlin. Arvid,
studierter Jurist und Wirtschaftswissenschaftler, arbeitete im
Amerikareferat des Reichswirtschaftsministeriums und als Uni-
versitätsdozent für Außenpolitik. Mildred lehrte Englisch an der

*Gedenktafel für
Arvid und Mildred
Harnack an ihrem
Wohnhaus in
Berlin-Neukölln*

Sie starben im Widerstand gegen das NS-Regime: Arvid und Mildred Harnack

Humboldt-Universität und am Städtischen Abendgymnasium (heute Peter-A.-Silbermann-Schule im Bezirk Wilmersdorf). Auch sie promovierte und wurde Universitätsdozentin. / Als kinderloses, berufstätiges Akademikerpaar führten die Harnacks ein für ihre Zeit zwar nicht ganz durchschnittliches, aber durchaus angepasstes Leben. Aber nur zum Schein: Bereits zu Beginn der Hitlerzeit versammelten Mildred und Arvid, der zur Tarnung sogar der NSDAP beigetreten war, eine Gruppe von Oppositionellen um sich – eine lose Gruppierung, die von den Nazis später als »Rote Kapelle« bezeichnet wurde. Sie verbreiteten Flugschriften, mit denen sie gegen das NS-Regime agitierten, halfen Zwangsarbeitern und Juden. Arvid beteiligte sich an der illegalen Zeitschrift »Die innere Front. Kampfblatt für ein neues freies Deutschland«. Gemeinsam mit → Harro Schulze-Boysen informierte er die sowjetische Botschaft im Frühjahr 1941 über den geplanten Angriff Deutschlands auf die UdSSR. Die Warnungen sollen bis zu Stalin gedrungen sein, der ihnen nicht glaubte. »Inwieweit Mildred Harnack in die konspirative Arbeit ihres Mannes einbezogen wurde, kann nicht endgültig beantwortet werden. Arvid Harnack hatte seiner Frau vorsichtshalber eine Dauer-Schiffspassage in die Vereinigten Staaten gekauft, die sie nicht nutzte.« (Hans Coppi jun.) / Die Harnacks wurden enttarnt und am 7. September 1942, während eines Urlaubs auf der kurischen Nehrung, verhaftet. Arvid wurde am 22. Dezember in Berlin-Plötzensee gehängt, Mildred, die zunächst nur zu sechs Jahren Zuchthaus verurteilt worden war, am 16. Februar 1943 hingerichtet. Informationen über ihre Widerstandsarbeit befinden sich in der Berliner Gedenkstätte Deutscher Widerstand.

Berlin-Neukölln, Hasenheide 61: Ihre Wohnung im vierten Stock war seit 1933 ein Treffpunkt verschiedener NS-Gegner. Frühere Wohnungen der Harnacks befanden sich im Stadtteil Westend, Fredericiastraße 26a, Am Fuchspaß 3 in Zehlendorf und in der Genthiner Straße 14 in Berlin-Tiergarten.

Lilian HARVEY
Schauspielerin, Sängerin, Tänzerin
1906 London – 1968 Juan-les-Pins/Frankreich

Willy FRITSCH
Filmschauspieler
1901 Kattowitz, heute Katowice – 1973 Hamburg

Er war der jugendliche Charmeur, sie »das süßeste Mädel der Welt«. Die zierliche, blonde Lilian Harvey, eine Deutschbritin, die seit 1914 in Berlin lebte, und der ›Sunnyboy‹ Willy Fritsch galten zu Beginn der 1930er Jahre als Traumpaar des deutschen Films. Sie waren Allround-Schauspieler, konnten tanzen, singen und in spritzigen Dialogen brillieren. Ihre zwölf gemeinsamen Ufa-Filme, meist leichte, schmissige Musikkomödien, wurden Publikumserfolge, stellvertretend genannt seien hier der »Liebeswalzer«, »Die Drei von der Tankstelle« (1930, mit Heinz Rühmann), »Der Kongress tanzt« oder »Ein blonder Traum« (1932) – »ein vor Witz und kessen Dialogen sprühendes Harvey-Fritsch-Meisterstück«, so der Filmhistoriker Kay Weniger. Ihre flotten Filmsongs, wie »Das gibt's nur einmal«, »Ein Freund, ein guter Freund« und »Ich wollt', ich wär' ein Huhn«, wurden Evergreens. / Lilian Harvey, nach den gemeinsamen Filmerfolgen durch die Filmgesellschaft 20th Century Fox in die USA abgeworben, kehrte nach einer kurzen, recht erfolglosen Episode 1935 nach Deutschland zurück. Sie drehte weiter bei der Ufa, konnte aber im Filmbetrieb der Nationalsozialisten nicht recht Fuß fassen. Bald galt sie auch politisch als ›unzuverlässig‹, da sie weiterhin an ihren jüdischen Kollegen und Freunden festhielt. Sie emigrierte 1939 nach Frankreich, wobei sie die deutsche Staatsbürgerschaft und einen

Lilian Harvey und
Willy Fritsch – Stars des
Ufa-Films (1930)

Großteil ihres Vermögens verlor. Erst in den Nachkriegsjahren kam sie gelegentlich wieder nach Deutschland, um Gastspiele an verschiedenen Bühnen zu geben. / Willy Fritsch, der seine Karriere noch zur Stummfilmzeit begonnen und Ende der 1920er Jahre in → Fritz Langs Filmen »Spione« und »Frau im Mond« mitgewirkt hatte, setzte seine Karriere auch in der NS-Zeit erfolgreich fort und trat sogar der NSDAP bei. Als männlicher Star der Ufa und ›Aushängeschild‹ der NS-Unterhaltungsbranche wirkte er in unzähligen weiteren Streifen mit, u. a. in dem ersten aufwendigen deutschen Farbfilm »Frauen sind doch die besseren Diplomaten« (1941) an der Seite von Marika Rökk. Nach 1945 trat er in seichten Unterhaltungs- und Heimatfilmchen wie »Grün ist die Heide« oder »Das hab' ich von Papa gelernt« (1964; mit seinem Sohn Thomas Fritsch) auf. Der große Erfolg aber war vorbei. / Privat sind Willy Fritsch und Lilian Harvey nie ein Paar gewesen. Er heiratete 1937 die Schauspielerin und Tänzerin Dinah Grace (eigentlich Ilse Schmidt). Harvey lebte zeitweise mit Paul Martin zusammen, dem Regisseur einiger ihrer Erfolgsfilme, den sie 1932 bei den Dreharbeiten zu »Ein blonder Traum« kennengelernt hatte. In den 1950er Jahren war sie mit dem dänischen Theateragenten Hartvig Valeur-Larsen verheiratet, bis sie ihre spätere Lebensgefährtin und Mitarbeiterin Else Wirth kennenlernte.

Berlin-Wilmersdorf, Düsseldorfer Straße 47: Lilian Harvey lebte hier zwischen 1925 und 1930 gemeinsam mit ihrer Mutter, bevor sie ins vornehme Westend in die Villa Ahornallee 16/17 zog. Mit erst Mitte Zwanzig war sie bereits ein gutbezahlter Filmstar und konnte sich dort eine ganze Etage leisten. Ihre spätere Potsdamer Villa in der Griebnitzseestraße 5a wurde zu DDR-Zeiten abgerissen.

Berlin-Charlottenburg, Kaiserdamm 95: Eine der Wohnadressen von Willy Fritsch

Robert HAVEMANN
Chemiker, DDR-Oppositioneller
1910 München – 1982 Grünheide/Mark

Katja HAVEMANN, geb. Grafe
Sozialpädagogin, Bürgerrechtlerin
geb. 1947 Neubarnim/Brandenburg

Robert und Katja Havemann waren eines der prominentesten Paare der DDR und zentrale Symbolfiguren der politischen Opposition. Der Widerstand gegen die DDR-Diktatur und ihren ›Beton-Sozialismus‹ einte sie. Privat konnten sie kaum unterschiedlicher sein: Er ein berühmter Chemiker, einstiger Nazi-Widerständler und auch im Westen gehörter DDR-Kritiker, sie Studentin der Sozialpädagogik – und 37 Jahre jünger als Havemann. / In der Berliner Wohnung des Liedermachers Wolf Biermann lernten sie sich kennen. »Ich dachte: Das ist ein Mensch, der sehr ausgereifte Vorstellungen und Gedanken hat, und wenn er sich auf Gesprächspartner einlassen soll, müssen die ihm ebenbürtig sein«, sagte Katja Havemann später über ihren Mann, vor dem sie anfangs viel Respekt hatte. 1973 wurde die gemeinsame Tochter Franziska geboren. Im Jahr darauf, am 26. April 1974, heirateten sie in Berlin. Für ihn war es die dritte Ehe. / In seinem Leben als überzeugter Kommunist hatte Robert Havemann tragische Einschnitte erfahren. Als Gründer einer NS-Widerstandsgruppe saß er bis Ende des Zweiten Weltkriegs in Haft. Als Leiter des Westberliner Kaiser-Wilhelm-Instituts für

*Robert und
Katja Havemann*

Physikalische Chemie und Elektrochemie wurde er 1950 fristlos entlassen, weil er in der Ostberliner Tageszeitung »Neues Deutschland« die Atomwaffenpolitik der USA kritisiert hatte. In Ostberlin, wo er als Wissenschaftler, Universitätsprofessor und Politiker zunächst Karriere machte, geriet er ins Abseits, als er begann, reformpolitische Forderungen zu stellen und in der Westpresse DDR-kritische Artikel zu veröffentlichen. Havemann wollte den Sozialismus nicht abschaffen, forderte aber Meinungsfreiheit und eine unabhängige Presse. Das Grünheider Haus, das er, neben seiner Berliner Wohnung am Strausberger Platz 19, seit 1964 bewohnte, war Treffpunkt vieler gleichgesinnter DDR-Oppositioneller, dazu zählten Pfarrer Rainer Eppelmann, der Schriftsteller Jürgen Fuchs und Wolf Biermann, der ein enger Freund der Havemanns war. Nachdem Robert Havemann öffentlich gegen dessen Ausbürgerung protestiert hatte, stand er in Grünheide ab November 1976 zweieinhalb Jahre unter Hausarrest. Stasi-Mitarbeiter, untergebracht in einer ›Zentrale‹ in der Burgwallstraße 6, observierten das Paar rund um die Uhr. Katja Havemann wurde auf ihren Wegen ständig überwacht. / Nach dem Tod ihres Mannes, der bereits seit der NS-Haft an Tbc gelitten hatte, wurde sie weiter von der Stasi schikaniert. Sie sollte zum Verlassen der DDR gedrängt werden. Nur mit Mühe fand sie Arbeit in einer Kurbelwellen-Werkstatt. Das Grünheider Haus machte sie zum Zentrum junger DDR-Oppositioneller um Bärbel Bohley und Ulrike Poppe. 1989 wurde hier das »Neue Forum«, die bedeutendste Bürgerbewegung der DDR, gegründet.

Grünheide/Mark, Ortsteil Alt Buchhorst, Burgwallstraße 4: Die ›Datsche‹ der Havemanns war einst Treffpunkt der DDR-Opposition. Von 1976 bis 1979 stand Robert Havemann hier unter Hausarrest.

Berlin-Friedrichshain, Strausberger Platz 19: Die Stadtwohnung der Havemanns. Das Hochhaus gehört zur Bebauung der Karl-Marx-Allee aus den Jahren 1952/53 – ein Vorzeigeprojekt sozialistischer Architektur. Später zogen sie in einen Neubau in der Berolinastraße.

Erich HONECKER
DDR-Staats- und Parteichef
1912 Neunkirchen/Saar – 1994 Santiago de Chile

Margot HONECKER, geb. Feist
DDR-Volksbildungsministerin
geboren 1927 Halle/Saale

Erich und Margot Honecker waren das wohl prominenteste Politiker-Paar der DDR. Beide stammten aus einfachen Verhältnissen. Sein Vater war Bergarbeiter, sie war die Tochter eines Schuhmachers. Erich Honecker begann eine Dachdeckerlehre, die er abbrach. Margot, die eigentlich Lehrerin werden wollte, machte eine Ausbildung zur Telefonistin. Beide engagierten sich von Jugend an in KPD-Organisationen. Sie erledigte schon als Mädchen Kurierdienste für die ab 1933 illegale Partei. Er saß als Leiter eines kommunistischen Jugendverbandes während der NS-Zeit zehn Jahre im Zuchthaus Brandenburg-Görden. / Nach 1945 machten beide in der jungen DDR Karriere. Erich Honecker, zunächst Vorsitzender der FDJ (Freie Deutsche Jugend), löste seinen Förderer → Walter Ulbricht, der von der eigenen Partei aus »gesundheitlichen Gründen« zum Rücktritt gezwungen worden war, 1971 als SED-Generalsekretär und Staatschef der DDR ab. Seine Frau war nicht nur »First Lady«, sondern seit 1963 auch Volksbildungsministerin, ein Amt, das sie bis zum Ende der DDR behielt. / 1955, nach der Scheidung Erich Honeckers von Edith Baumann, hatten sie geheiratet – wohl auch gedrängt durch

Erich Honecker
als FDJ-Vorsitzender,
1951

DDR-Volksbildungs-
ministerin Margot
Honecker

hohe Parteigenossen, die ein außereheliches Verhältnis inakzeptabel fanden, zumal bereits 1952 die gemeinsame Tochter Sonja zur Welt gekommen war. Mancher wunderte sich allerdings, was die 15 Jahre jüngere Margot Feist an einem so »bornierten und dummen Mann« fand, und es wurde gemunkelt, dass sie ihn aus Karrieregründen genommen hatte. **/** Die kleine Familie bewohnte das Haus Rudolf-Ditzen-Weg 14 in der damaligen DDR-Funktionärssiedlung im Berliner Bezirk Pankow, bis 1960 die ca. 35 Kilometer entfernte Waldsiedlung Wandlitz bezugsfertig war. Inmitten der schönen Landschaft des Niederbarnim lebten die Honeckers in Nachbarschaft von Kollegen wie Günter Mittag oder Erich Mielke, dem berüchtigten Minister für Staatssicherheit – hermetisch abgeriegelt, aber luxuriös mit Personal, Privatstrand und einem ›Ladenkombinat‹ inklusive aller ›Westprodukte‹, die für durchschnittliche DDR-Bürger kaum erhältlich waren. **/** Das Ende der DDR wollten und konnten beide nicht verstehen. Zunehmend realitätsfern gab Erich Honecker »feindseligen Kräften von außen« die Schuld an der politischen und wirtschaftlichen Misere ›seines‹ Staates. Am 17. Oktober 1989 wurde er, wie einst sein Ziehvater Ulbricht, als Generalsekretär abgesetzt. Margot Honecker reichte am 20. Oktober ihr Rücktrittsgesuch ein. 1992 stand Erich Honecker vor Gericht: als Verantwortlicher für die Todesschüsse an der innerdeutschen Mauer. Aufgrund seines schlechten Gesundheitszustands – er litt an einem bösartigen Nierentumor – wurde der Prozess eingestellt, und er konnte seiner Frau folgen, die, um sich einer Anklage wegen der DDR-Zwangsadoptionen zu entziehen, schon im Juli 1992 zu ihrer Tochter nach Chile ausgereist war.

Bernau-Waldsiedlung, Habichtweg 5: Großbürgerlicher Lebensstil
mit kleinbürgerlichem Geschmack – das einstige Haus der Honeckers
in der Funktionärssiedlung Wandlitz, das sie von 1960 bis 1989 bewohnten. Wie die Häuser der anderen ehemaligen DDR-Funktionäre
gehört es heute zu einem Klinik-Komplex.

Wilhelm von H U M B O L D T
Gelehrter, Staatsmann
1767 Potsdam – 1835 Tegel, heute zu Berlin

Caroline von H U M B O L D T, geb. von Dacheröden
Kunstschriftstellerin, Übersetzerin, Mäzenin
1766 Minden/Westfalen – 1829 Tegel, heute zu Berlin

»Es ist so hübsch zu denken«, schrieb er ihr einst, »dass das Glück dem Menschen aus einem Tag, einem Augenblick sich entspinnt, mir hat es an dem geleuchtet, an dem Du geboren wurdest.« Wilhelm und Caroline von Humboldt waren eines der ungewöhnlichsten Paare ihrer Zeit: fast gleichaltrig, aus wohlhabenden Adelsfamilien stammend, weltgewandt und durch gleiche Interessen und Ideale miteinander verbunden. Caroline war ihrem hochgebildeten Mann ebenbürtig, da sie als einzige Tochter des preußischen Kammerpräsidenten Carl Friedrich von Dacheröden eine für Frauen ihrer Zeit weit überdurchschnittliche Bildung erhalten hatte und darüber hinaus zu eigenständigem Denken und Handeln erzogen worden war. Als sie am 29. Juni 1791 in Carolines Erfurter Elternhaus heirateten, wurde

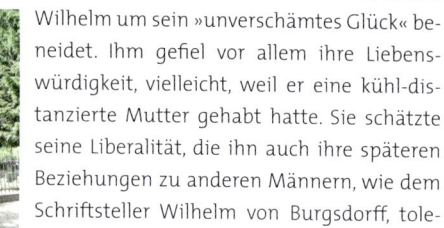

Wilhelm um sein »unverschämtes Glück« beneidet. Ihm gefiel vor allem ihre Liebenswürdigkeit, vielleicht, weil er eine kühl-distanzierte Mutter gehabt hatte. Sie schätzte seine Liberalität, die ihn auch ihre späteren Beziehungen zu anderen Männern, wie dem Schriftsteller Wilhelm von Burgsdorff, tole-

Wilhelm von Humboldt (Marmor-Skulptur von Paul Otto vor der Berliner Humboldt-Universität, 1883)

Caroline von Humboldt (Ausschnitt aus einem Gemälde von Friedrich Wilhelm von Schadow)

rieren ließ. Auch Wilhelm hatte außereheliche Verhältnisse, über die jedoch weniger bekannt ist. / Durch seine Tätigkeiten als preußischer Diplomat kamen sie viel herum. Ob in Rom, Paris, London oder Wien – überall standen sie im Mittelpunkt der europäischen Politik- und Kulturprominenz. Sie waren bekannt mit dem preußischen König → Friedrich Wilhelm III. und Königin Luise, der Berliner Salonière → Rahel Varnhagen von Ense sowie den Weimarer Dichterfürsten Goethe und Schiller. Dabei war Caroline von Humboldt alles andere als ein repräsentatives Anhängsel ihres Mannes. Sie lebte zeitweise allein in Paris und vor allem in Rom, das ihre Wahlheimat wurde. Im Kreis der Deutschrömer förderte sie junge Künstler, unter ihnen der preußische Bildhauer Christian Daniel Rauch, erwarb mit sicherem Gespür für Qualität antike und zeitgenössische Kunstwerke und verfasste Kunstbeschreibungen, die selbst vom kritischen Goethe hoch geschätzt und veröffentlicht wurden. / 1809 kehrten die Humboldts nach Berlin zurück, wo er das Kultus- und Unterrichtswesen leitete und die später nach ihm benannte Universität gründete. Zehn Jahre später zog er sich aus dem Staatsdienst zurück und widmete sich seinen zahlreichen Privatinteressen, zu denen u. a. seltene Indianersprachen gehörten. / Das kleine Schloss Tegel, Wilhelms Elternhaus, ließen die Humboldts zwischen 1820 und 1824 durch den preußischen Oberbaurat Karl Friedrich Schinkel klassizistisch umbauen. Für ihre Antikensammlung – viele davon römische Erwerbungen Carolines – wurde ein eigener Saal eingerichtet. Mit anderen Mitgliedern ihrer Familie ist das Paar, das acht Kinder hatte, von denen drei früh starben, im Schlosspark bestattet.

Berlin-Tegel, Adelheidallee 19, Schloss Tegel: Das kleine Schloss gehörte seit 1766 der Familie Humboldt. Wilhelm und sein Bruder Alexander, der berühmte Forschungsreisende, wuchsen hier auf. Mit seiner Frau Caroline verbrachte Wilhelm hier die letzten Lebensjahre. Schloss Tegel ist in Privatbesitz. Der Park mit dem Familienbegräbnis (links oben) ist öffentlich zugänglich.

Franz K A F K A
Schriftsteller
1883 Prag – 1924 Klosterneuburg bei Wien

Dora D I A M A N T
Kindergärtnerin, Schauspielerin
1898 Pabianice bei Lódz/Polen – 1952 London

Trotz gesundheitlicher und materieller Probleme gehörte das halbe Jahr in Berlin für Franz Kafka zur schönsten Zeit seines Lebens. Es war ihm erstmals die Loslösung vom Prager Elternhaus und vom dominanten Vater gelungen, was ihm bis dahin schwere innere Konflikte bereitet hatte. Mit Dora Diamant konnte er sich endlich ganz zu einer Frau bekennen und sogar mit ihr zusammenleben, nachdem seine früheren Verlobungen mit der Berlinerin Felice Bauer und der Prager Jüdin Julie Wohrycek an seiner Angst vor zu großer Nähe gescheitert waren. / Kafka und die fünfzehn Jahre jüngere Diamant lernten sich Anfang Juli 1923 im Ostseebad Müritz (heute Graal-Müritz) kennen, wo er mit der Familie seiner Schwester Elli Urlaub machte. Diamant, Tochter eines wohlhabenden jüdischen Textilunternehmers aus Polen, gelernte Kindergärtnerin und überzeugte Zionistin, arbeitete dort zur gleichen Zeit als Kinderbetreuerin eines jüdischen Ferienheims. Für Kafka, der damals eine Auswanderung nach

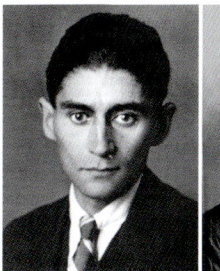

Palästina erwog und sogar Hebräisch lernte, verkörperte sie nicht nur Jugend und Hoffnung, sondern auch lebendiges Judentum. / Gemeinsam beschlossen sie nach Berlin zu gehen, »[...] für Kafka schon in früheren Jahren die einzige Stadt, von der er glaubte, dass er in ihr leben könne«, so sein Biograf Klaus Wagenbach. Ende September 1923 bezogen sie eine erste Unterkunft in der Steglitzer Miquelstraße 8 (heute Muthesiusstraße 20–22, Neubau), wechselten aber bereits sechs Wochen später in die Villa Grunewaldstraße 13. Anfang Februar 1924 musste das Paar in eine billigere, mit Öfen beheizte Unterkunft in der Zehlendorfer Busseallee 7–9 (damals Heidestraße 25–26, im Jahr 2000 abgerissen) ausweichen. Ihr Leben war ständig von Armut bedroht, denn die rasende Inflation in Deutschland verschlang Kafkas Pension, und sie waren sogar auf »Butterpakete« seiner Eltern angewiesen. Kafkas Gesundheitszustand verschlechterte sich damals rapide. Er kam kaum noch in Berlin herum: »Mein Potsdamer Platz ist der Platz vorm Steglitzer Rathaus.« Trotz aller Belastungen jedoch blieb er literarisch produktiv und verfasste hier u. a. die Erzählungen »Eine kleine Frau« und »Der Bau«. / Mitte März 1924 ging die Berliner Zeit des Paares zu Ende. Diamant begleitete Kafka, der inzwischen schwer an Kehlkopftuberkulose erkrankt war, in mehrere österreichische Sanatorien und blieb bis zu seinem Tod im Alter von knapp 41 Jahren an seiner Seite. Auf dem Sterbebett bat er Doras Vater vergeblich um die Heiratserlaubnis. / Diamants Leben wurde erst in den letzten Jahren erforscht. Nach Kafkas Tod wurde sie Schauspielerin, heiratete den Ökonomen und KPD-Funktionär Lutz Lask, mit dem sie vor den Nazis in die Sowjetunion floh, und ließ sich später in London nieder. Hier verstarb sie am 15. August 1952 – ein Jahr bevor ihr Mann aus stalinistischer Haft freikam.

Berlin-Steglitz, Grunewaldstraße 13: Vom 15. November 1923 bis zum 1. Februar 1924 bewohnten Franz Kafka und Dora Diamant zwei Zimmer im ersten Stock der schönen Steglitzer Villa.

Karl K A U T S K Y
Sozialistischer Theoretiker, Politiker
1854 Prag – 1938 Amsterdam

Luise K A U T S K Y, geb. Ronsperger
Übersetzerin, Autorin, Herausgeberin
1864 Wien – 1944 KZ Auschwitz

Karl und Luise Kautsky, heute weit weniger bekannt als ihre Freunde und Weggefährten → Rosa Luxemburg und Karl Liebknecht, waren einst eine Institution der deutschen Sozialdemokratie. Karl Kautsky, langjähriger Redakteur des von ihm gegründeten sozialistischen Blatts »Die neue Zeit« und Autor unzähliger politischer Schriften galt seinerzeit als Wortführer des marxistischen Flügels der SPD und »internationale Autorität in Fragen der marxistischen Theorie« (Norbert Leser). Besonders erfolgreich war seine allgemein verständliche Volksausgabe des Marxschen »Kapitals« (1887), die hohe Auflagen erzielte und in zahlreiche Sprachen übersetzt wurde. **/** Luise Kautsky, selbst aktives Parteimitglied, erledigte nach dem Rollenverständnis damaliger Frauen allen ›Kleinkram‹. Sie kümmerte sich um Kinder und Haushalt und organisierte die häuslichen ›Sonntagsgesellschaften‹ – Leistungen, die von Parteifreunden oft nicht genügend geschätzt wurden. So hatte ihre enge Freundin Rosa Luxemburg ihr gegenüber anfangs Vorurteile, weil sie eine Schürze trug. Luise Kautsky war außerdem die Privatsekretärin ihres Mannes, führte seine Korrespondenz und las seine Manu-

*Luise und Karl Kautsky
um 1918*

skripte. Erst in späteren Jahren trat sie selbst als Übersetzerin und Autorin hervor, übertrug u. a. englische Artikel von Marx und Engels ins Deutsche, gab 1923 den Band »Rosa Luxemburg – Briefe an Karl und Luise Kautsky 1896–1918« heraus und verfasste »Rosa Luxemburg – Ein Gedenkbuch«. / Karl und Luise Kautsky kannten sich aus Wien, wo sie in assimilierten jüdischen Familien aufgewachsen waren. Lange bevor sie sich trafen, kannte die Konditor-Tochter Luise Ronsperger bereits die Schriften ihres späteren Mannes. Denn sie war mit seiner Mutter, der Schriftstellerin Minna Kautsky befreundet, die sie mit der sozialistischen Ideologie vertraut und auf die Arbeiten ihres Sohnes aufmerksam gemacht hatte. / Sie heirateten am 23. April 1890 nach Kautskys Scheidung von seiner ersten Frau Louise Strasser, der späteren Sekretärin von Friedrich Engels, und lebten zunächst in Stuttgart, bis sie 1897 nach Berlin kamen und sich in Friedenau niederließen, damals noch ein ländlicher Vorort. Außer in der Saarstraße lebten die Kautskys u. a. kurzzeitig in der Niedstraße 14; ihre letzte Wohnung befand sich in der Windscheidstraße 31 in Berlin-Charlottenburg. / Die letzten Jahre des Paares waren durch die nationalsozialistischen Verfolgungen geprägt. Die Kautskys, die sich 1922 wieder in Wien niedergelassen hatten, flohen über Prag in die Niederlande, wo der »Papst des Marxismus« im Herbst 1938 an einem Schlaganfall starb. Seine Frau, inzwischen 80-jährig, kam ins KZ Westerbork, von dort nach Theresienstadt und schließlich nach Auschwitz. Nur durch den Einsatz treuer Freunde blieb ihr der Tod in der Gaskammer erspart. Völlig geschwächt starb sie am 8. Dezember 1944 im Krankenrevier.

Berlin-Friedenau, Saarstraße 14, Luise & Karl Kautsky-Haus: Wo heute die Bundesgeschäftsstelle der Sozialistischen Jugend Deutschlands »Die Falken« untergebracht ist, lebte das Ehepaar von 1900 bis 1902 mit seinen drei Söhnen – nur wenige Gehminuten von der Wohnung Rosa Luxemburgs entfernt, mit der die Kautskys eng befreundet waren.

Heinrich von K L E I S T
Schriftsteller
1777 Frankfurt/Oder – 1811 Wannsee, heute zu Berlin

Henriette V O G E L
Hausfrau
1780 Berlin? – 1811 Wannsee, heute zu Berlin

»Der zerbrochene Krug«, »Die Marquise von O ...« und »Michael Kohlhaas« – mit seinen Dramen und Erzählungen gehört Heinrich von Kleist zu den Großen der Literaturgeschichte. Zeitlebens jedoch fühlte er sich als vom Glück vernachlässigter Außenseiter – so sehr, dass er nicht mehr leben wollte. Bis heute in Erinnerung ist der erschütternde Doppelselbstmord mit seiner Freundin Henriette Vogel am Berliner Kleinen Wannsee am 21. November 1811. »Die Wahrheit ist«, schrieb er seiner Halbschwester Ulrike kurz vor seinem Tod, »daß mir auf Erden nicht zu helfen war.« / Er führte eine zerrissene Existenz, nicht nur als Schriftsteller, sondern auch als Soldat, Staatsbeamter und Zeitungsherausgeber, und war immer wieder von Armut bedroht. Häufig war er monatelang auf Reisen, lebte in Dresden, Leipzig, im schweizerischen Thun, in Paris, Königsberg und mehrfach in Potsdam und Berlin. Seine letzte (nicht erhaltene) Wohnung befand sich in der Mauerstraße 53 im Bezirk Mitte. Das 1912/13 dort erbaute ehemalige Bankhaus von der Heydt trägt im Giebel den Namen »Kleisthaus«. / Seit 1810 verkehrte er regelmäßig in der Berliner Markgrafenstraße, im Haus, das Henriette Vogel mit

Berlin-Wannsee, Bismarck-straße 3: Das Grab von Heinrich von Kleist und Henriette Vogel am Kleinen Wannsee

Heinrich von Kleist (Kreidezeichnung von Wilhelmine von Zenge, 1806)

Henriette Vogel (Miniatur um 1802, Künstler unbekannt)

ihrem Mann, dem Kanzleisekretär Louis Vogel, bewohnte. Sie musizierten gemeinsam und allmählich entstanden »Gefühle der heiligsten Liebe«. Ob es mehr als eine platonische Beziehung war, weiß man nicht. Kleist sah in ihr, die unheilbar an Gebärmutterkrebs erkrankt war, seine Begleiterin in den Tod. Sie »steigern sich beide in einen Liebestod hinein, mit dem sie alle Bedingtheiten der Welt – für sie ein qualvolles Siechtum, für ihn die Schmach als ›Asozialer‹ vegetieren zu müssen – für immer hinter sich lassen wollen«, so der Kleist-Biograf Rudolf Loch. An ihren Mann schrieb Vogel am Vortag ihres Todes: »Nicht länger kann ich mehr das Leben ertragen, denn es legt sich mir mit eisernen Banden an mein Herz – nenne es Krankheit, Schwäche […] ich weiß es selbst nicht zu nennen – nur so viel weiß ich zu sagen, daß ich meinem Tode als dem größten Glücke entgegensehe […].« / Ihre letzten beiden Lebenstage verbrachten Kleist und Vogel im Gasthaus »Stimmings Krug« am Kleinen Wannsee (Königstraße 4; 1870 abgerissen), wo sie ihre Abschiedsbriefe verfassten. An ihrem Todestag sah man sie Hand in Hand am See spazieren gehen, »springend, schäkernd und sich jagend […].« Sie ließen sich Tisch und Stühle ans Seeufer bringen, um Kaffee und Rum zu trinken. Anschließend setzten sie sich in eine Bodensenke, wo Kleist Henriette Vogel durch einen Pistolenschuss in die Brust und sich selbst durch einen Schuss in den Mund tötete. An gleicher Stelle wurden beide in derselben Nacht bestattet. / In seiner Heimatstadt Frankfurt/Oder erinnert das Kleist-Museum an den Dichter. Sein Geburtshaus in der Großen Oderstraße 26 ist nicht erhalten.

Potsdam, Friedrich-Ebert-Straße 17: Die ehemalige Große Stadtschule, 1739 erbaut von Peter von Gayette. Kleist, damals als Soldat in Potsdam stationiert, bereitete sich hier 1798 auf sein Studium in Frankfurt/Oder vor.

Victor K L E M P E R E R
Romanist
1881 Landsberg/Warthe – 1960 Dresden

Eva K L E M P E R E R, geb. Schlemmer
Pianistin
1882 Königsberg/Ostpreußen, heute Kaliningrad/Russland –
1951 Dresden

Nur wenige Paare haben gemeinsam solche Höhen und Tiefen
durchlebt wie Victor und Eva Klemperer. In seinen Lebenserinne-
rungen »Curriculum vitae« und seinen Tagebüchern, deren
Buchausgabe mit dem Titel »Ich will Zeugnis ablegen bis zum
Letzten – Tagebücher 1933–1945« ihn posthum berühmt machte,
hat Victor Klemperer ihrer lebenslangen Verbundenheit ein literarisches Denkmal gesetzt. / Eva Klemperer, nach Aussage ihres
Mannes nicht auf äußere Anerkennung angewiesen, hatte früh
ihre Laufbahn als Pianistin aufgegeben, um seine Karriere zu un-
terstützen. Sie diskutierte seine Schriften mit ihm und redigierte
seine Texte. Später durchlitt sie mit ihm alle Demütigungen und
Verfolgungen, denen er als Jude im »Dritten Reich« ausgesetzt
war: Seine Entlassung als Dresdener Romanistikprofessor, die
Umsetzung in ein »Judenhaus« und die ›Besuche‹ der Gestapo,
vor der sie unter Lebensgefahr die Tagebücher ihres Mannes in
sichere Verstecke brachte. Dass sie sich als »Arierin« nicht von
ihm scheiden ließ, bewahrte ihn vor der Deportation und damit
vor dem sicheren Tod. Zusammen erlebten sie auch Neuanfang
und Rehabilitation nach Kriegsende: seine Wiedereinsetzung
als Professor und seine Bucherfolge, wie das 1947 erschienene
»LTI – Notizbuch eines Philologen«, eine Abhandlung über die
Sprache des »Dritten Reiches« (»Lingua Tertii Imperii«), die we-

Eva und Victor Klemperer

gen der Parallelen zu sozialistischen Phrasen in der DDR zum Kultbuch wurde. / Das gemeinsame Leben der Klemperers, das man heute eher mit Dresden in Verbindung bringt, begann in Berlin. 1904 lernten sie sich hier kennen. Es begann eine glückliche, aber keineswegs unbeschwerte Zeit. Victor war als Student finanziell abhängig von seinem Vater, dem Berliner Reformrabbiner Wilhelm Klemperer, als dessen achtes und jüngstes Kind er in der Albrechtstraße 20 im Bezirk Mitte aufgewachsen war. Eva Schlemmer, die aus einer inzwischen verarmten Königsberger Großbürgerfamilie stammte, lebte mit ihrer geschiedenen Mutter zusammen (Bezirk Wilmersdorf, Durlacher Straße 14). Sie verdiente ihren Lebensunterhalt mit Klavierunterricht, trat aber auch als Pianistin auf, komponierte und malte. / Wegen des Widerstands ihrer Familien – ihre Mutter wollte keinen mittellosen Studenten als Schwiegersohn, seine Eltern keine verarmte Pianistin – heirateten sie 1906 heimlich und mieteten sich in der Weimarer Straße 6a im Stadtteil Wilmersdorf eine Wohnung. 1911 bezog das Paar, das wegen der größeren Distanz zu seinen Familien zeitweise auch im brandenburgischen Oranienburg lebte, eine neue, größere Wohnung in der Holsteinischen Straße, ging aber schon im Jahr darauf nach München, wo er sein Romanistikstudium abschloss. / Victor Klemperer überlebte Eva um neun Jahre und heiratete nach ihrem Tod mit »schlechtem Gewissen« seine 45 Jahre jüngere Studentin Hadwig Kirchner.

Berlin-Wilmersdorf, Weimarer Straße 6a: In einer Dreizimmer-Wohnung im dritten Stock lebten die Klemperers von 1906 bis 1909 als junges Ehepaar.

Berlin-Mitte, Albrechtstraße 20: In dem ehemaligen Schulgebäude (2. Haus von links) verbrachte Victor Klemperer von 1890 bis 1896 sechs Jugendjahre, die er in seinen Memoiren »Curriculum Vitae« beschrieb.

Käthe K O L L W I T Z, geb. Schmidt
Grafikerin, Bildhauerin
1867 Königsberg, heute Kaliningrad/Russland –
1945 Moritzburg bei Dresden

Karl K O L L W I T Z
Arzt / 1863 Rudau/Ostpreußen, heute Melnikowo/
Russland – 1940 Berlin

Ihre fast 50-jährige Ehe verbrachten Käthe und Karl Kollwitz, die
große Künstlerin und der Armenarzt, in harmonischer Überein-
stimmung. Sie hatten die gleichen moralischen Maßstäbe, teilten sozialdemokratische Überzeugungen und legten keinen
besonderen Wert auf bürgerliche Statussymbole. / Sie kannten
sich seit ihrer Jugendzeit in Königsberg, er war ein Schulfreund
ihres Bruders Konrad. Seit dem 13. Juni 1891 verheiratet, verbrachten sie ihr gesamtes gemeinsames Leben im Berliner Arbeiterbezirk Prenzlauer Berg in ihrer Wohnung in der heutigen
Kollwitzstraße, wo er, mit Leib und Seele Arzt, eine Allgemein-
medizinische Praxis betrieb. Sie arbeitete anfangs in einem kleinen Atelier neben den Praxisräumen, bis sie 1912 ein Atelier in
Siegmunds Hof (Hansaviertel) und später in der Klosterstraße in
Berlin-Mitte mietete (beide nicht erhalten). / In einer Zeit, die
Frauen nach der Hochzeit gewöhnlich in die Rolle der Hausfrau
und Mutter drängte, war Karl Kollwitz eine glückliche Ausnahme. »Mein Mann«, schrieb Käthe Kollwitz später, »tat alles, um
mich zur Arbeit kommen zu lassen.« Es war selbstverständlich,
dass sie allein nach Paris und Italien reiste, ein Stipendium in

Florenz wahrnahm und an der Berliner Künstlerinnenschule sowie der Akademie der Künste unterrichtete. Auch mit der wach-
senden Prominenz seiner Frau hatte Karl Kollwitz keinerlei Probleme. Das Leben in einem Arbeiterbezirk an der Seite eines
Mannes, der durchweg arme Patienten versorgte, gab ihr außerdem Impulse für ihre künstlerische Arbeit. Die Not des Industrie-
proletariats, Arbeitslosigkeit, Wohnungsnot, ausgehungerte
Kinder und von harter Arbeit gezeichnete Frauen und Männer
wurden Hauptthemen ihrer Zeichnungen und Grafiken. / Das
Paar durchlitt auch Schweres: 1914, gleich zu Beginn des Ersten
Weltkriegs, fiel der achtzehnjährige Peter, der jüngere ihrer beiden Söhne. Für ihn schuf Käthe Kollwitz »Die trauernden Eltern«,
zwei ihrer bedeutendsten Skulpturen, die ihre und die Gesichts-
züge ihres Mannes tragen (heute auf dem Mahnmal für die ge-
fallenen Soldaten auf dem deutschen Soldatenfriedhof Vladslo
bei Ostende/Belgien). In der NS-Zeit bekamen Käthe und Karl
Kollwitz als Sozialdemokraten Repressalien zu spüren. Ihm wurde zeitweise die Krankenkassenzulassung entzogen, sie aus der
Akademie der Künste ausgeschlossen, in die sie 1919 als erste
Frau aufgenommen worden war. Ihre Werke wurden nicht mehr
ausgestellt. Nach dem Tod ihres Mannes – er starb 1940 während
des Zweiten Weltkriegs – blieb Käthe Kollwitz zunächst in der
gemeinsamen Wohnung, bis diese Ende 1943 durch einen Bom-
bentreffer zerstört wurde. Ihre letzten Lebensmonate verbrachte
sie in Moritzburg bei Dresden. / Das Paar ruht auf dem Zentralfriedhof in Berlin-Friedrichsfelde im Begräbnis ihrer Familie, das
mit Käthe Kollwitz' Bronzerelief »Ruht im Frieden seiner Hände«
geschmückt ist. / Einen Teil ihrer Werke beherbergt heute das
Berliner »Käthe-Kollwitz-Museum«.

*Das Käthe-Kollwitz-Denkmal auf dem Kollwitzplatz im Berliner Stadt-
teil Prenzlauer Berg (Plastik von Gustav Seitz nach Kollwitz' Selbst-
porträt). In der Häuserreihe hinter den Bäumen befand sich bis zur
Zerstörung am 23. November 1943 das Wohnhaus von Käthe und Karl
Kollwitz (heute Neubau Kollwitzstr. 56a, damals Weißenburger Str. 25).*

Käthe K R U S E, geb. Simon
Puppenmacherin
1883 Dambrau bei Breslau, heute Wrocław – 1968 Murnau

Max K R U S E
Bildhauer, Maler, Grafiker
1854 Berlin – 1942 Bad Kösen

1901 lernten sie sich kennen, als er ihr Malunterricht gab: Die achtzehnjährige, unbekannte Schauspielerin Katharina Simon aus Dambrau bei Breslau und der Berliner Bildhauer Max Kruse, ein angesehener Künstler, verheiratet, Vater von vier Kindern und fast dreißig Jahre älter als sie. Sie heirateten 1909, nachdem schon drei ihrer sieben Kinder geboren waren, zu denen auch Max junior gehört, der als Kinderbuchautor später so berühmt wie seine Eltern wurde. / Mit anderen Bildhauern und Malern lebten sie im Charlottenburger Künstlerhaus St. Lukas. Er hatte sein Bildhaueratelier anfangs im ersten Stock, gemeinsam lebten sie später in einer Atelierwohnung im dritten Stock. Das Künstlerhaus, ein großer historisierender Baukomplex mit Zinnen, Erkern, Balkonen, Türmchen und romantischem Innenhof, gehörte seinerzeit zu den attraktivsten und begehrtesten Atelierhäusern im damaligen Charlottenburg. / Max Kruse, heute so gut wie vergessen, zählte damals zu den etablierten Bildhauern Berlins. Großen Erfolg hatte er mit Figurenplastiken aus der griechischen Mythologie, die damals Mode waren, darunter die Bronzestatue »Der Siegesbote von Marathon« (1881), die vor

*Eine der vielen
Figuren am
Künstlerhaus*

Familie Kruse, 1914

der Berliner Alten Natio-
nalgalerie und auf dem
Dach des Theaters des Westens aufgestellt wurde, und eine
überlebensgroße steinerne Sitzstatue der »Persephone«, die sich
auf dem Parkfriedhof in Berlin-Neukölln befindet. Er schuf auch
Porträtbüsten prominenter Künstler, u. a. des Malers → Max Liebermann, des Philosophen Friedrich Nietzsche sowie des Schriftstellers Gerhart Hauptmann. Kruse malte auch Landschaften,
entwarf Bühnenbilder für Max Reinhardt und machte Erfin-
dungen wie ein Bildhauerkopiergerät, mit dem Plastiken in den
richtigen Proportionen verkleinert oder vergrößert werden
konnten. / Käthe Kruse, zur Zeit ihrer Heirat Jungschauspielerin
am Berliner Lessingtheater, fand bald eine Beschäftigung, mit
der sie berühmter als ihr Mann wurde: Sie nähte Puppen. Die
niedlichen Puppen, die sie ursprünglich nur für ihre eigenen
Töchter entworfen hatte, wurden ein Riesenerfolg. Denn im
Unterschied zu den damals handelsüblichen, steifen Porzellan-
puppen waren sie ideal zum kindgerechten Spielen geeignet, sie
besaßen Stoffkörper, unzerbrechliche Kunststoffköpfe und auf-
gemalte, statt gläserne Augen. Mit einer Ausstellung ihrer Krea-
tionen im legendären Berliner Warenhaus Tietz in der Leipziger
Straße begann ein bis heute anhaltender Welterfolg, wenngleich
die Puppen heute eher teure Sammlerstücke als Kinderspiel-
zeuge sind. Käthe Kruse war eine der ersten Großunterneh-
merinnen ihrer Zeit. Seit 1912 produzierte sie in der eigenen
Firma in Bad Kösen (heute zu Naumburg in Sachsen-Anhalt),
wohin die Familie auch ihren Wohnsitz verlegte. Ab 1941 gab es
Zweigstellen in Donauwörth und Bad Pyrmont.

*Berlin-Charlottenburg, Fasanenstraße 13: Das nach dem Schutzpatron
der Maler St. Lukas benannte Künstlerhaus schuf Bernhard Sehring,
der Architekt des Berliner »Theaters des Westens«, 1889/90. Das Paar
lebte und arbeitete hier bis 1912.*

Fritz L A N G
Filmregisseur
1890 Wien – 1976 Beverly Hills/USA

Thea von H A R B O U
Schauspielerin, Drehbuchautorin, Schriftstellerin
1888 Tauperlitz/Oberfranken, heute zu Döhlau – 1954 Berlin

Anfang der 1930er Jahre gaben Fritz Lang und Thea von Harbou ihre Wohnung am Hohenzollerndamm 52 im Stadtteil Wilmersdorf (Haus nicht erhalten) auf, um die gerade fertiggestellte Dahlemer Villa zu beziehen, die die Berliner Avantgarde-Architekten Hans und Wassili Luckhardt zwischen 1928 und 1930 als Teil einer kleinen Versuchssiedlung errichtet hatten. Ihre einfachen kubischen Formen, der weiße Beton über Stahlskelettbauweise waren damals radikal modern. Heute zählt die Villa zu den wichtigsten Bauten der Neuen Sachlichkeit in Berlin. Das Paar lebte hier in getrennten Wohnungen. Lang stattete seine Räume mit selbst entworfenen Stahlrohr-Möbeln im Bauhausstil aus, in denen er sich für die Illustrierte »Die Dame« fotografieren ließ. / Lang und Harbou hatten 1922, beide in zweiter Ehe, geheiratet. Nach einer Affäre Langs mit einer jungen Schauspielerin ging die Ehe in die Brüche. 1929 trennten sie sich, 1933 wurden sie geschieden. Beruflich jedoch ergänzten sie sich weiterhin ausgezeichnet und gehörten zu den Koryphäen des expressionistischen Films. Während Lang eine faszinierende

Fritz Lang und Thea von Harbou in ihrer ersten Berliner Wohnung am Hohenzollerndamm, um 1923

Stummfilmästhetik entwickelte, schrieb Harbou, die bereits einige Romane verfasst und erfolgreich für die Regisseure Friedrich Wilhelm Murnau und Carl Theodor Dreyer gearbeitet hatte, alle Drehbücher seiner Filme: »Der müde Tod«, »Die Nibelungen«, »Frau im Mond« und »Metropolis« (1926), der wegen seiner aufwendigen Filmkulisse, einer utopischen Fabrikstadt, weltberühmt wurde. Mit »M« (1931), einem beklemmenden, spannungsreichen Film über einen Kindermörder, konnte sich das Paar auch im Tonfilm durchsetzen. Ihr nächstes Werk, das »Testament des Dr. Mabuse« (1932/33), wurde bereits von den Nationalsozialisten verboten. / Hitlers Machtübernahme trennte das Arbeitsteam Lang/Harbou. Obwohl ihm NS-Propagandaminister Goebbels eine hohe Position im NS-Filmgeschäft angeboten hatte, emigrierte Lang in die USA, wo er der Anti-Nazi-League beitrat. Er drehte zahlreiche weitere Filme, u. a. den Nazi-kritischen Streifen »Hangmen Also Die« (1942/43) mit → Bertolt Brecht als Drehbuch-Autor. Für einige seiner Filme kehrte er später nach Europa zurück. Seine Exfrau blieb in Deutschland – sie lebte jetzt in der Gelfertstraße 52 in Berlin-Dahlem (heute dort Neubau) –, trat der NSDAP bei und war bis an ihr Lebensende überzeugte Nationalsozialistin. Ihre Arbeiten, Drehbücher für → Veit Harlan und zwei eigene Filme mit ihrem ersten Mann, dem Schauspieler Rudolf Klein-Rogge in den Hauptrollen, waren nur noch mittelmäßig. / Auf dem Waldfriedhof in der Berliner Heerstraße ist sie bestattet. An das Leben und Werk von Fritz Lang, der als US-Staatsbürger in Beverly Hills bei Los Angeles starb, erinnert die Dauerausstellung des Berliner Filmmuseums.

Berlin-Dahlem, Schorlemerallee 7a: Fritz Lang und Thea von Harbou, die zur Prominenz des deutschen Films gehörten, bewohnten die Doppelvilla im Bauhaus-Stil ab Anfang der 1930er Jahre.

Else LASKER-SCHÜLER
Schriftstellerin, Zeichnerin
1869 Elberfeld, heute zu Wuppertal – 1945 Jerusalem

Herwarth WALDEN
Verleger, Schriftsteller, Galerist, Musiker
1878 Berlin – 1941 Saratow/Russland

Else Lasker-Schüler und der neun Jahre jüngere Herwarth Walden waren hochbegabte Künstler, aber komplizierte Persönlichkeiten. Der Schriftsteller Alfred Döblin erinnerte sich rückblickend: »Walden, mit seinem Spürtalent, hat die große Bedeutung der jungen Frau erkannt, aber ihr Temperament, wie mir scheint, nicht mit derselben Sicherheit. Ich wohnte heftigen Szenen zwischen den beiden bei. Es hat lange gedauert, bis sie sich trennten.« Nach neunjähriger Ehe wurden sie 1912 geschieden. / Georg Lewin, der erst durch seine Frau den Fantasienamen Herwarth Walden erhielt, war Pianist und Komponist, Schriftsteller und Redakteur, v. a. aber ein »so befähigter wie besessener Organisator mit wachem Gespür für junge, förderungswürdige Dichter und Künstler.« (Killy Literaturlexikon) Sein Lebenswerk war seine zwischen 1910 und 1932 herausgegebene Zeitschrift »Der Sturm«, das publizistische Organ der künstlerischen Avantgarde, in dem auch seine Frau Gedichte veröffentlichte. Es gab auch einen »Sturm«-Buchverlag, eine »Sturm«-Bühne und eine »Sturm«-Galerie, in der Werke moderner Künstlergruppen wie der expressionistische »Blaue Reiter« gezeigt wurden. Die »Sturm«-Zentrale befand sich ab 1913 in der Potsdamer Straße 134a (nicht erhalten), wo Walden später auch wohnte. / Lasker-Schüler, Bankiers-

Berlin-Schöneberg, Motzstraße 7: Das ehemalige Hotel Koschel, heute Hotel Sachsenhof – die letzte der zahlreichen Berliner Adressen von Else Lasker-Schüler. Sie lebte hier von 1924 bis zu ihrer Emigration im April 1933 in einer Dachkammer.

*Die exzentrische
Lyrikerin Else
Lasker-Schüler*

*Das Multitalent
Herwarth Walden*

tochter aus Elberfeld, war 1894 als junge Frau des Arztes Berthold Lasker nach Berlin gekommen (Wohnung Schlüterstraße 58 in Charlottenburg). Sie fand sich jedoch nicht in ihre Rolle als bürgerliche Ehefrau ein, sondern sah sich als Künstlerin. 1903 wurde ihre erste Ehe geschieden. / Mit ihren sprachmächtigen Gedichten, die häufig eine alttestamentarisch-orientalische Fantasiewelt heraufbeschwören, wurde sie eine der bedeutendsten Lyrikerinnen Deutschlands. Als selbsternannter »Tino von Bagdad« oder »Jussuf Prinz von Theben« gehörte sie zu den exzentrischsten Erscheinungen der damaligen Künstlerszene im Berliner »Café des Westens«. Für ihre Zeit skandalös offen hatte sie immer wieder Liebesbeziehungen zu jungen Männern, auch zu dem siebzehn Jahre jüngeren Lyriker Gottfried Benn. Den Vater ihres Sohnes Paul (1899–1927) offenbarte sie zeitlebens nicht. Nach der Scheidung von Walden hat Lasker-Schüler, so Benn rückblickend, »[...] nie mehr eine eigene Wohnung gehabt, immer nur enge Kammern, vollgestopft mit Spielzeug, Puppen, Tieren, lauter Krimskrams.« Eine Art Heimat fand sie für längere Zeit in der Schöneberger Motzstraße 7 (damals 78): »Hotel Koschel«, »verhältnismäßig sehr billig. Ich bezahle 5,50 für Zimmer, habe heiß Wasser und Heizung und schön.« Mehrfach antisemitisch angegriffen, emigrierte sie im April 1933 in die Schweiz und lebte ab 1939, völlig verarmt, in Palästina. Walden, ebenfalls aus einer jüdischen Familie stammend, war mit seiner vierten Frau, der Übersetzerin Ellen Bork, 1932 in die Sowjetunion emigriert, wo er im stalinistischen Terror umkam.

Berlin-Halensee, Katharinen-straße 5: Eine Gedenktafel am Neubau erinnert an das zerstörte Wohnhaus, in dem das Paar zwischen 1909 und 1911 eine gemeinsame Wohnung hatte.

Lotte L E N Y A
Sängerin, Schauspielerin
1898 Wien – 1981 New York

Kurt W E I L L
Komponist
1900 Dessau – 1950 New York

Das Kleinmachnower Wohnhaus ist ein Symbol ihres künstlerischen Erfolgs. Die Musik zu → Bertolt Brechts legendären Stücken, der »Dreigroschenoper« (Uraufführung im Berliner Theater am Schiffbauerdamm am 31.8.1928) und »Aufstieg und Fall der Stadt Mahagonny« (1930) hatte Kurt Weill Weltruhm und Wohlstand gebracht. Sein Mix aus zeitgenössischer Musik, Jazz und Schlagern zu Brechts Geschichten aus dem Zuhälter- und Verbrechermilieu waren damals revolutionär. Heute gehören die Opern zu den Klassikern des modernen Theaters. / Lotte Lenya wurde als Schauspielerin und Interpretin Weillscher Songs wie der »Kanonensong« oder »Surabaya-Johnny« zum Weltstar. Als »Seeräuber-Jenny« aus der »Dreigroschenoper«, die sie schon in der Uraufführung des Stücks und 1930 in der Verfilmung von Georg Wilhelm Papst verkörpert hatte, ist sie unvergessen. / Weill komponierte auch Sinfonien, Kammer-, Schauspiel- und Filmmusik, schrieb Lieder und Chansons, u.a. nach Texten von Dehmel, Rilke, Kästner und Cocteau. Weniger bekannt ist, dass er seine ersten Erfolge mit der Vertonung einiger Stücke des Schriftstellers Georg Kaiser hatte. »Der Protagonist«, ein Opern-

Prominentes Künstlerpaar des 20. Jahrhunderts: Lotte Lenya, 1930 (Fotografie von Lotte Jacobi) und Kurt Weill, 1928

einakter nach einem Stück Kaisers (1926), wurde Weills Premiere als Opernkomponist. Die Zusammenarbeit mit Kaiser war auch privat folgenreich. In dessen Villa im brandenburgischen Grünheide lernte Weill im Juli 1924 die damals noch gänzlich unbekannte Wienerin Lotte Lenya kennen – eine Freundin der Familie Kaiser. Sie hatten sie bei sich aufgenommen, als sie nach Berlin kam, um hier ihre Karriere voranzubringen. Weill und Lenya heirateten am 26. Januar 1926 und lebten die ersten Jahre in einer Wohnung in Berlin-Westend, Bayernallee 14, bis sie ihr Haus in Kleinmachnow bezogen. **/** Die NS-Machtübernahme vertrieb Weill aus Deutschland, der hier als Jude und moderner Komponist, dessen Musik in der Nazi-Presse als »durch und durch undeutsch« bezeichnet wurde, nicht mehr sicher war. Schon bei der Uraufführung von »Mahagonny« hatte es Nazi-Krawalle gegeben, und im Briefkasten seines Hauses fand er einen Zettel: »Was hat ein Jude wie du in einer Gemeinde wie Kleinmachnow zu suchen?« **/** Er ging Ende März 1933 zunächst nach Paris. Lenya verkaufte währenddessen das Kleinmachnower Haus und reichte die Scheidung ein – um den Verdacht zu vermeiden, »jüdisches Eigentum« ins Ausland zu bringen. Sie heirateten 1937 in New York ein zweites Mal. **/** Im Gegensatz zu vielen anderen Künstlern blieb Weill u. a. mit seinen Broadway-Musicals »Lady in the Dark« und »One Touch of Venus« auch in der Emigration gefragt, starb jedoch, erst 50-jährig, am 3. April 1950 an den Folgen eines Herzinfarkts. Seine Frau überlebte ihn um mehr als 30 Jahre. Zeitlebens blieb sie die erfolgreichste Interpretin seiner Songs.

Kleinmachnow, Käthe-Kollwitz-Straße 7: Das 1929/30 von Ferdinand Zarth im Baustil der Neuen Sachlichkeit errichtete Einfamilienhaus hatte Weill 1932 erworben. Nur ein Jahr, bis zu seiner Flucht aus Nazi-Deutschland im März 1933, konnte er es mit seiner Frau Lotte Lenya bewohnen.

Sabine L E P S I U S, geb. Graef
Malerin
1864 Berlin – 1942 Bayreuth

Reinhold L E P S I U S
Maler
1857 Berlin – 1922 Berlin

Sabine und Reinhold Lepsius stammten aus namhaften Berliner Familien, sie war die Tochter des Malers Gustav Graef, er ein Sohn des Ägyptologen Carl Richard Lepsius. Die Wohnadressen ihrer Kindheit im Berliner Westen, u.a. am Lützow- und am Nollendorfplatz sowie die Lepsius-Villa im einstigen Tiergartenviertel sind heute längst verschwunden. / Beide waren gefragte Porträtisten. Wohlhabende Bürger, Honoratioren und Gelehrte ließen sich von ihnen malen. Ihre Arbeitsteilung war für ihre Zeit ungewöhnlich, denn Sabine Lepsius und nicht ihr Mann finanzierte den überwiegenden Teil des Lebensunterhalts, obwohl sie für ihre Bilder weit weniger Honorar als er bekam. Aber sie war pragmatischer und malte schnell. »Auf das Herumprobieren an dem eigentlichen Bild«, sagte sie, »darf ich mich niemals einlassen.« Dabei hatte sie nur Privatunterricht erhalten, weil Frauen damals noch nicht an staatlichen Kunstakademien studieren durften. / Ihr Mann fühlte sich als ›echter‹ Künstler und arbeitete lange an seinen Bildern. Während von ihm ca. 60 Damen- und 60 Herrenporträts überliefert sind, darunter Darstellungen des Gelehrten Ernst Curtius und des Architekten Alfred Messel

*Sabine Lepsius (Selbst-
bildnis als 21-jährige
Künstlerin, 1885, Alte
Nationalgalerie Berlin)*

Reinhold Lepsius

(1905/06, Stadtmuseum Berlin), umfasst ihr erhaltenes Œuvre
130 Damen-, 90 Kinder- und 60 Herrenporträts. »Reinhold gehörte zu den Malern, die mit unerbittlicher Kritik an ihre Auf-
gabe herangehen. [...] Es war das gerade Gegenteil von meinem
Vater [...]«, schrieb Sabine Lepsius, »bei dem ich gewohnt war,
aus einem naiven und sicheren Talent heraus Bild auf Bild ent-
stehen zu sehen, fleißig, nach hergebrachter Schule und ohne
Probleme.« / Sabine und Reinhold Lepsius heirateten im Sommer 1892 und kehrten nach kurzer Zeit in München, wo er bei
Franz von Lenbach studierte, nach Berlin zurück, zunächst in
eine Wohnung in der Charlottenburger Kantstraße 162. Ihr Som-
merhaus Ahornallee 31 (früher 42) im damals noch ländlichen
Westend, wurde 1902 ihr ständiger Wohnsitz. 1911 erwarben sie
zusätzlich den Hausteil Nr. 32, in dem zuvor der Astronom Wilhelm Foerster gelebt hatte, und 1920 das Nachbarhaus Nr. 30. /
Trotz gut laufender Aufträge mussten sie rechnen. Die Haus-
haltsführung verschlang viel Geld, denn gesellschaftliche Reprä-
sentation gehörte zum Job, da sie auf Kontakte zu potenziellen
Auftraggebern angewiesen waren. Zugleich führten sie im Westend einen Salon, in dem u. a. Walter Rathenau, → Käthe Kollwitz
und der Direktor der Berliner Nationalgalerie Ludwig Justi zu
Gast waren. Der Schriftsteller Stefan George, seinerzeit eine
Dichter-Institution mit einer elitären Fangemeinde, besaß bei
ihnen ein eigenes Gästezimmer. / Nach dem Tod ihres Mannes
gab Sabine Lepsius das Haus im Westend auf und zog in dessen
Atelier in der Kurfürstenstraße 126 (nicht erhalten).

*Berlin-Westend, Ahornallee 30–32: Das 1877/78 errichtete Haus, da-
mals noch in ländlicher Umgebung gelegen, bewohnten das Ehepaar
Lepsius und seine vier Kinder ab Juni 1900 als Sommersitz. 1908 ließ
sich Sabine Lepsius durch den Architekten August Endell ein kleines
Dachatelier ausbauen, betrieb jedoch gleichzeitig ihr Schülerinnen-
atelier in der Berliner Innenstadt, zunächst in der Lützowstraße und
später in der Kurfürstenstraße, wo auch ihr Mann arbeitete.*

Max LIEBERMANN
Maler
1847 Berlin – 1935 Berlin

Martha LIEBERMANN, geb. Marckwald
1857 Berlin – 1943 Berlin

»[...] es war zwar eine Ehre, aber kein Vergnügen, mit dir verheiratet gewesen zu sein«, lautete das Fazit von Martha Liebermann, die in über 50-jähriger Ehe alle Höhen und Tiefen an der
Seite eines Mannes erlebte, der zum bedeutendsten deutschen
Impressionisten, gefragten Porträtisten und zu einer der ganz
großen Künstlerpersönlichkeiten seiner Zeit aufstieg. Wie viele
große Künstler war Max Liebermann, trotz seines sprichwört-
lichen Berliner Humors, im persönlichen Umgang nicht einfach.
Temperamentvoll, schnell verärgert und altmodisch, lebte er zu
Hause »wie ein König oder Patriarch, um nicht zu sagen, Haus-
tyrann«, erinnerte sich seine Enkelin Maria White später. Aber er
liebte seine Frau, wenngleich ihn »ihre Güte und ihre ruhige Haltung« manchmal zur Verzweiflung brachten, und hing sehr an
seinem einzigen Kind, der Tochter Käthe (verh. Riezler, 1885–1952).
Die Verbundenheit mit seiner Frau zeigen auch seine Bilder. Sie
war eines seiner beliebtesten Modelle – obwohl ihr längst nicht
alle Darstellungen gefielen. Martha Liebermann, die als schön
und resolut galt, fürchtete »für eine reizlose und hinfällige Frau«
gehalten zu werden, denn man sähe sie auf den Gemälden und
Zeichnungen ihres Mannes entweder liegen, schlafen oder lesen.
/ Sie hatten im September 1884 geheiratet, ob es eine Liebesheirat oder nur eine passende Partie war, weiß man nicht. Beide
Väter waren wohlhabende jüdische Textil- bzw. Wollhändler.

Selbstbildnis mit Palette (Max Liebermann, 1912, Berlin, Berlinische Galerie)

Die Gattin auf dem Balkon (Max Liebermann, 1895, Kunstsammlungen zu Weimar, Schlossmuseum)

Liebermanns Vater Louis war seit dem frühen Tod ihres Vaters Heinrich Benjamin Marckwald außerdem Marthas Vormund. / Die Liebermanns, die zu den prominentesten Paaren Berlins gehörten, residierten standesgemäß im Palais am Pariser Platz, das bereits Max Liebermanns Eltern gehört hatte. Ihre 9-Zimmer-Wohnung in der zweiten Etage war ausgestattet mit teuren Antiquitäten und einer hochrangigen Sammlung französischer Impressionisten, unter denen sich Bilder von Manet, Degas und Monet befanden. Unterm Dach lag Liebermanns von Hans Grisebach ausgebautes Atelier. Die Sommerzeit verbrachten sie ab 1910 in ihrer Wannsee-Villa, die durch Liebermanns Gartengemälde bis heute berühmt ist. / Nach Hitlers Machtübernahme verloren sie alles. Er wurde als Präsident der Preußischen Akademie der Künste entlassen, erhielt Arbeitsverbot, seine Bilder wurden aus deutschen Museen entfernt. Nur durch seinen Tod im Jahr 1935 blieb ihm Schlimmeres erspart. Martha Liebermann wurden von den Nazis Häuser und Vermögen genommen. In ihrer letzten Wohnung in der Graf-Spee-Straße 23 (nicht erhalten; heute Hiroshimastraße im Stadtteil Tiergarten) nahm sie sich 1943, kurz vor ihrer Deportation ins KZ Theresienstadt, mit einer Überdosis Schlaftabletten das Leben. / Auf dem jüdischen Friedhof an der Schönhauser Allee in Berlin-Prenzlauer Berg ist das Paar nebeneinander bestattet.

Berlin-Mitte, Pariser Platz 7: Rechts neben dem Brandenburger Tor befindet sich das ehemalige Palais Liebermann, Elternhaus und späteres Stadtpalais des Malers. Das 1846 von Friedrich August Stüler errichtete klassizistische Wohnhaus wurde im Zweiten Weltkrieg zerstört. Das heutige Gebäude ist eine moderne Rekonstruktion des Architekten Josef Paul Kleihues aus den Jahren 1996 bis 1998.

Berlin-Wannsee, Colomierstraße 3: Die 1909 von Paul Baumgarten d. Ä. erbaute Villa war zwischen 1910 und 1935 Sommersitz der Liebermanns und ist heute Liebermann-Museum. Zum 7000 Quadratmeter großen, sich bis zum Großen Wannsee erstreckenden Garten steuerte Max Liebermann eigene Ideen bei.

Rosa LUXEMBURG
Politikerin, Publizistin
1871 Zamość/Polen – ermordet 15.1.1919 Berlin

Karl LIEBKNECHT
Politiker, Rechtsanwalt
1871 Leipzig – ermordet 15.1.1919 Berlin

Rosa Luxemburg und Karl Liebknecht waren kein Paar, aber enge politische Weggefährten. Als Begründer der KPD, als Politiker, die für ihre Überzeugung Verfolgung und Haft in Kauf nahmen, vor allem aber durch ihre Ermordung sind sie im historischen Gedächtnis für immer miteinander verbunden. / Während Liebknecht, zweimal verheiratet, drei Kinder und Wohnung in Berlin-Lichterfelde, Hortensienstraße 14, ein nach außen hin bürgerliches Leben als Familienvater führte, lebte Luxemburg für ihre Zeit weitaus unkonventioneller. Mit dem Schweizer Gustav Lübeck war sie eine Scheinehe eingegangen, durch die sie als Polin die deutsche Staatsbürgerschaft erhielt und 1898 nach Berlin ziehen konnte. Seit ihrer Studentenzeit war sie mit dem Marxisten und Mitbegründer der polnischen Sozialdemokratie Leo Jogiches liiert. Später führte sie Liebesbeziehungen mit dem vierzehn Jahre jüngeren Kostja Zetkin, dem Sohn ihrer Parteifreundin Clara Zetkin, und ihrem Anwalt Paul Levi. Ihr Wunsch nach einer eigenen Familie erfüllte sich nicht. / Luxemburg, studierte Staatswissenschaftlerin und gewandte Stilistin, engagierte sich zunächst im linken Flügel der SPD. Sie war Redakteurin des Parteiblatts »Vorwärts« sowie Lehrerin an der SPD-Parteischule. Liebknecht, dem als Sohn des SPD-Aktivisten Wilhelm Liebknecht eine politische Laufbahn quasi vorbestimmt

Galionsfiguren des Kommunismus: Rosa Luxemburg und Karl Liebknecht

war, betrieb mit seinem Bruder Theodor eine Anwaltskanzlei in der Berliner Chausseestraße 121 und machte, wie Luxemburg, als SPD-Linker Karriere. Zu einer engeren Zusammenarbeit und persönlichen Freundschaft zwischen ihnen kam es jedoch erst 1914, als sie mit wenigen Parteifreunden ihre Zustimmung zu Kriegskrediten verweigerten und gemeinsame Anti-Kriegs-Aktionen organisierten. **/** Für ihre politische Überzeugung wurden sie mehrfach zu Gefängnisstrafen verurteilt. Wegen ihres Aufrufs zur Kriegsdienstverweigerung saß Luxemburg 1915/16 im Frauengefängnis in der Berliner Barnimstraße (nicht erhalten) mit anschließender Haft in der Festung Wronke und in Breslau. Liebknecht war zwischen 1916 und 1918 wegen »Landes- und Kriegsverrats« inhaftiert. **/** Am 15. Januar 1919, kaum mehr als zwei Wochen nach Gründung der KPD, wurden beide in der Wohnung eines Parteifreundes (Berlin-Wilmersdorf, Mannheimer Straße 43; heute Nr. 27), von einer Bürgermiliz festgenommen und im Hotel Eden in der Budapester Straße (nicht erhalten) verhört und misshandelt. Liebknecht wurde am Abend durch rechte Freikorpssoldaten am Neuen See im Tiergarten hinterrücks erschossen, Luxemburg beim Abtransport im Auto ebenfalls erschossen und in den Landwehrkanal geworfen. Eine Stahltafel am Katharina-Heinroth-Ufer erinnert heute an ihre Ermordung. Zum Gedenken an Liebknecht wurde am Neuen See eine Stele aufgestellt. Beide sind auf dem Zentralfriedhof in Berlin-Friedrichsfelde bestattet.

Berlin-Friedenau, Cranachstraße 58: Rosa Luxemburgs Adresse von 1902 bis 1911. Weitere Wohnungen hatte sie in der Friedenauer Wielandstraße 23 und der Lindenstraße 2 in Südende (heute Biberacher Weg 2 im Bezirk Steglitz, nicht erhalten).

Berlin-Mitte, Schlossplatz 50: Vor dem einstigen Portal IV des Berliner Stadtschlosses rief Karl Liebknecht am 9. November 1918 die »Freie Sozialistische Republik Deutschland« aus. Die DDR-Regierung ließ das barocke Portal des im Zweiten Weltkrieg zerstörten Schlosses 1962 in den Neubau des Staatsratsgebäudes integrieren.

Klaus MANN
Schriftsteller
1906 München – 1949 Cannes

Erika MANN
Schauspielerin, Kabarettistin, Schriftstellerin
1905 München – 1969 Zürich

Alle Kinder des Schriftstellers Thomas Mann waren talentiert. Erika und Klaus Mann, die beiden ältesten der sechs Geschwister, jedoch wurden am bekanntesten – nicht zuletzt durch ihr exzentrisches, bohemienhaftes Image. Sie traten wie Zwillinge auf. Von klein auf waren sie unzertrennlich gewesen. »Die Erwachsenen wie die Kinder«, schrieb Klaus Mann später, »hatten uns als Einheit zu akzeptieren.« Sie teilten gemeinsame Interessen: Theater, Literatur, Musik und das Reisen. / 1924 kamen sie nach Berlin – eine der zahlreichen Stationen ihres bewegten Lebens. Beide verkörperten sie den Typus moderner junger Großstadtmenschen ihrer Zeit. Sie waren kreativ und ehrgeizig, forsch und eigenwillig, mit Hang zum Drogenkonsum, der Klaus Mann später enorme Probleme bereitete. Er war schwul, sie – burschikos mit trendigem Kurzhaarschnitt – verliebte sich in Frauen, heiratete zweimal, 1926 den Schauspieler und späteren Theaterintendanten Gustaf Gründgens und 1935 den Schriftsteller W. H. Auden, jedoch nur, um die britische Staatsbürgerschaft zu erhalten. / In Berlin studierte Erika Mann Schauspiel beim Starregisseur Max Reinhardt, Klaus versuchte sich als Schriftsteller – weit

entfernt vom berühmten Vater in München, dessen Autorität besonders für ihn eine schwere Last bedeutete. Schnell hatten Erika und Klaus Mann Erfolg. Sie wurde an zahlreiche deutsche Bühnen engagiert, schrieb aber auch Kinderbücher und Reportagen, u. a. über die »Ford-10.000-Kilometer-Europa-Ralley«, die sie – eine leidenschaftliche Autofahrerin – 1931 gewonnen hatte. 1933 begründete sie das antifaschistische Kabarett »Die Pfeffermühle«, das bald in ganz Europa gastierte. / Klaus etablierte sich mit Erzählungen, Romanen und Theaterstücken wie »Anja und Esther«, eine skandalöse Vierecksgeschichte, mit der die Geschwister 1925 zusammen mit Erikas zukünftigem Ehemann Gründgens und Pamela Wedekind (die mit Klaus verlobt, aber die Geliebte seiner Schwester war) auf der Bühne standen. Die Manns publizierten auch gemeinsam, u. a. »Rundherum. Ein heiteres Reisebuch« (1929), ein Bericht über ihre Weltreise, die sie medienwirksam als »The Literary-Mann-Twins« in die USA, nach Asien und in die Sowjetunion unternommen hatten. Nach ihrer Flucht aus Deutschland Mitte März 1933 verband die Geschwister der aktive Widerstand gegen den Nationalsozialismus. Im US-amerikanischen Exil klärten sie unermüdlich über das NS-Regime auf – mit Vorträgen, Radio-Features, Essays und Büchern, darunter Klaus Manns Roman »Der Vulkan« (1939), mit dem er erstmals Anerkennung von seinem Vater erhielt. / Klaus Mann starb am 21. Mai 1949 an einer Überdosis Schlaftabletten. Erika kehrte 1952 mit ihren Eltern in die Schweiz zurück und wurde die Assistentin ihres Vaters. Zeitlebens engagierte sie sich aber auch für die Werke ihres früh verstorbenen Bruders.

Berlin-Wilmersdorf, Pfalzburger Straße 83: Ihre gemeinsame Wohnung von 1932 bis 1933. Bei ihrer Ankunft in Berlin hatten die Geschwister zwei möblierte Zimmer in der Uhlandstraße 78 bezogen.

Felix MENDELSSOHN BARTHOLDY
Komponist, Dirigent, Pianist
1809 Hamburg – 1847 Leipzig

Fanny HENSEL, geb. Mendelssohn Bartholdy
Komponistin, Pianistin
1805 Hamburg – 1847 Berlin

Sie hatten ein inniges Verhältnis zueinander. Ihr Band war die Musik, über die sie sich lebenslang intensiv austauschten. Als privilegierte und hochtalentierte Kinder des Berliner Bankiers Abraham Mendelssohn erhielten die Geschwister Fanny und Felix Mendelssohn Bartholdy eine hervorragende musikalische Ausbildung, wenngleich er gezielt auf eine spätere Musikerkarriere vorbereitet wurde, sie aber nur als schöngeistiges ›Hobby‹ Klavier und Komposition lernte – ganz der damaligen Konvention entsprechend. / Mit seinen Kompositionen, darunter die »Italienische« und die »Schottische« Sinfonie, als langjähriger Leiter des Leipziger Gewandhausorchesters sowie als Wiederentdecker Bachscher Musik wurde Felix Mendelssohn Bartholdy eine der berühmtesten Musikerpersönlichkeiten seiner Zeit. Seine Schwester hingegen durfte weder öffentlich auftreten noch ihre Kompositionen herausgeben. Erst in ihren letzten Lebensjahren wurden einige ihrer Werke gedruckt: Lieder für eine Singstimme mit Klavier, Chorlieder a cappella und Klavierstücke (op. 1–7) – gegen den Willen ihres Bruders, der zuvor einige ihrer Lieder unter seinem Namen publiziert hatte. Als Frau ihrer Zeit blieb Fanny auch die Welt weitgehend verschlossen. Während Felix als Dirigent durch Europa tourte und mit seiner Frau Cécile in Leipzig lebte, blieb sie im Elternhaus, dem Mendelssohn-Palais in der Leipziger Straße 3. Mit ihrem Mann,

Berlin-Kreuzberg, Bergmannstraße 39–41, Dreifaltigkeitsfriedhof:
Hier ruhen Felix Mendelssohn Bartholdy (links), seine Schwester Fanny Hensel und ihr Mann Wilhelm. Nur wenige Meter entfernt liegen die Gräber der Eltern Abraham und Lea Mendelssohn. In der Nähe der Grabstellen befindet sich ein kleiner Pavillon mit der Ausstellung »Die Familie Mendelssohn und ihre Gräber vor dem Halleschen Tor«.

Felix Mendelssohn Bartholdy (Gemälde von Theodor Hildebrandt, 1834)

Mendelssohns Schwester Fanny Hensel (Zeichnung ihres Ehemannes Wilhelm Hensel)

dem Berliner Hofmaler Wilhelm Hensel (1794–1861), bezog sie später das Gartenhaus des Anwesens. / Sie litt unter den Zurücksetzungen, konnte sich aber später wenigstens im häuslichen Rahmen entfalten. Im Gartensaal des Mendelssohn-Palais organisierte sie ihre populären Sonntagsmusiken, gelegentlich unterstützt von ihrer Schwester Rebekka, die eine begabte Sängerin war, und ihrem Bruder Paul, der Cello spielte. Die Veranstaltung wurde eine Berliner Institution, zu der sich regelmäßig bis zu 300 prominente Gäste einfanden, zu diesen zählten auch → Bettine und Achim von Arnim, die → Varnhagens und die → Humboldts, Clara und Robert Schumann sowie Franz Liszt. / Die Geschwister Mendelssohn starben beide jung an einem Schlaganfall. Fanny, erst 42-jährig, am 14. Mai 1847 und Felix, im Alter von 38 Jahren, am 4. November desselben Jahres – untröstlich über den Tod seiner Schwester. / Der Familie Mendelssohn Bartholdy wird in Berlin vielfach gedacht: Mit der Mendelssohn-Dauerausstellung in der Staatsbibliothek in der Potsdamer Straße, der Ausstellung »Die Familie Mendelssohn und ihre Gräber vor dem Halleschen Tor« auf dem Dreifaltigkeitsfriedhof und der »Mendelssohn-Remise« in der Jägerstraße. An der Stelle des einstigen Palais Mendelssohn in der Leipziger Straße 3 befindet sich heute das Gebäude des Deutschen Bundesrats.

Berlin-Mitte, Jägerstraße 51, Mendelssohn Remise:
Blick in die Dauerausstellung »Die Mendelssohns in der Jägerstraße«. Die Remise gehört zum ehemaligen Bankhaus der Familie Mendelssohn.

Carola N E H E R
Schauspielerin
1900 München – 1942 Sol-Iletsk/Sowjetunion, heute Russland

K L A B U N D
Schriftsteller
1890 Crossen/Oder – 1928 Davos/Schweiz

»Von seiner Seite«, schreibt der Neher-Biograf Matthias Wegner, »war es Liebe auf den ersten Blick, von ihrer Seite [...] fürs erste nur ein reizvoller Flirt.« Carola Neher und Klabund lernten sich im Sommer 1924 in München kennen, sie heirateten am 7. Mai 1925. Neher war damals eine junge Schauspielerin, die ihre Karriere noch vor sich hatte, Klabund zehn Jahre älter als sie, als Schriftsteller längst berühmt, aber todkrank. Er war seiner Frau völlig ergeben. »Mit Carola Neher ihn zu beobachten«, schreibt → Klaus Mann in seiner Autobiografie »Der Wendepunkt«, »war beinahe beunruhigend. So sehr liebte er sie.« Sie nahm die Ehe lockerer: »Die Liebe blüht (so halb und halb)! Trennungsversuche nur noch alle acht Tage! Großer Fortschritt!« Schön, erotisch und selbstbewusst flirtete sie auch nach der Heirat gern, zumal sie von ihrem Mann, der sich immer wieder in Schweizer Sanatorien behandeln ließ, häufig getrennt war. / 1926 gingen sie gemeinsam nach Berlin, wo Neher u. a. am Lessingtheater, am Renaissancetheater und am Deutschen Theater spielte. Bekannt wurde sie durch Rollen in Stücken ihres Mannes: Als »Marusja« in

*Schön, selbstbewusst
und begabt: die Theater-
und Filmschauspielerin
Carola Neher*

*Alfred Henschke, der sich
in einer Mischung aus
Klabautermann und Vaga-
bund »Klabund« nannte.*

»Brennende Erde« und als »Haitang« in »Der Kreidekreis« – einer
ihrer größten Erfolge und Klabunds bekanntestes Drama, das
→ Brecht später zu seinem Stück »Der kaukasische Kreidekreis«
inspirierte. / Mit seinen Dramen, Romanen, Erzählungen und
Lyrikbänden, darunter »Morgenrot! Klabund! Die Tage däm-
mern!« (1912) und »Die Harfenjule« über eine populäre Berliner
Straßensängerin, war Klabund damals »einer der populärsten
und produktivsten Autoren der Weimarer Republik; er galt als
wichtiger Expressionist der Prosa, als dramatischer Vielschreiber,
als begabter Caféhauslyriker und als einflussreicher Nachdichter
asiatischer Literatur.« (Killy-Literaturlexikon) Wegen seiner Krankheit hatte er sich jedoch bereits damals weitgehend aus dem
Literaturbetrieb zurückgezogen: »Man liest zu Hause meine
Bücher, / Und mancher freut sich meiner Schrift. / Mich decken
schon die schwarzen Tücher, / und meine Lippen speien Gift.«/
Nach nur dreijähriger, schwieriger Ehe starb er im Alter von
38 Jahren an seiner langjährigen Lungentuberkulose. Neher
machte weiter Theaterkarriere, u. a. als »Marianne« in Ödön von
Horváths »Geschichten aus dem Wienerwald« und als »Polly« in
G. W. Papsts Verfilmung von Brechts »Dreigroschenoper« (1931).
1932 heiratete Neher, die selbst mit der KPD sympathisierte, den
rumänischen Ingenieur und Kommunisten Anatol Becker, mit
dem sie 1934 nach Moskau emigrierte. Beide kamen im stalinistischen Terror um. Becker wurde wegen angeblicher Attentats-
pläne auf Stalin 1937 zum Tode verurteilt und erschossen, Neher
erhielt zehn Jahre Haft. Sie starb am 26. Juni 1942 im Lager
Sol-Iletsk an Typhus.

*Berlin-Nikolassee, Teutonenstraße 2: Eine der diversen Adressen
von Carola Neher. Während seiner Ehe wohnte das Paar meistens
in Pensionen.*

Hermann Fürst von PÜCKLER-MUSKAU
Gartenkünstler, Schriftsteller
1785 Muskau/Sachsen – 1871 Branitz/Brandenburg

Lucie Fürstin von PÜCKLER-MUSKAU, geb. von Hardenberg
1776 Hannover – 1854 Branitz/Brandenburg

Hermann und Lucie von Pückler-Muskau waren ein illustres Paar – nicht nur für ihre Zeit. Sie lernten sich in Berlin kennen, wo die Fürstin, getrennt von ihrem ersten Mann Carl Theodor von Pappenheim, gemeinsam mit ihrer Tochter Adelheid (1797–1849, später Fürstin von Carolath-Beuthen) und ihrer Pflegetochter Helmine lebte. / Die Hochzeit der Pücklers fand im Oktober 1817 auf Schloss Muskau statt, aber es war wohl keine Liebesheirat nach heutigen Maßstäben. Lucie von Pückler-Muskau war als Tochter des einflussreichen preußischen Staatskanzlers Karl August Fürst von Hardenberg zwar eine gute Partie, aber neun Jahre älter als ihr Mann und bereits etwas matronenhaft. Fürst Pückler gestand später, damals »nicht im Geringsten« verliebt gewesen zu sein, seine Frau allerdings »etwas«. Aus der Vernunftehe wurde bald echte Zuneigung: Er genoss die mütterliche Liebe seiner »Schnucke«, der er, manchmal verletzend offen, alles anvertraute. Für sie jedoch muss die Ehe mit ihrem »Lou« weitaus schwieriger gewesen sein. Er war verschwenderisch, exzentrisch und hatte ständig Affären mit anderen Frauen. Eine schwere Krise gab es, als er sich von einem ägyptischen Sklavenmarkt die junge Machbuba (um 1825–1840) mitbrachte, die als seine Geliebte mit auf Muskau leben sollte, wäre sie nicht bald

Die Seepyramide im Branitzer Park. Hier sind Hermann und Lucie von Pückler-Muskau bestattet.

Hermann Fürst von Pück-
ler-Muskau als Reisender
in Afrika (Lithografie,
anonym, um 1834)

Lucie Fürstin von Pückler-
Muskau (Gemälde von
Johann Heinrich Schröder)

verstorben. »Warum bin ich nicht jung und nicht aus Abessi-
nien?«, klagte die Fürstin verbittert. Belastend waren auch seine
ausgedehnten Reisen. Fürst Pückler war u. a. von 1826 bis 1829 in
England, von 1834 bis 1840 reiste er durch den Orient. / Lucie und
Hermann von Pückler-Muskau verband jedoch eine große Leiden-
schaft: der damals in Mode gekommene Landschaftspark. Die
Anlage der weltberühmten Parkanlagen, ab 1817 im sächsischen
Muskau und ab 1845 in Branitz/Niederlausitz, ist nicht allein
Fürst Pücklers Werk, sondern auch das seiner Frau. Die Fürstin,
die bereits in Schloss Dennenlohe bei Ansbach, das ihrem ersten
Mann gehörte, und in Carolath/Schlesien (heute Siedlisko/
Polen), dem Wohnsitz ihrer Tochter, Gärten gestaltet hatte, ließ
während Pücklers langer Reisen in beiden Parks zahlreiche Par-
tien nach eigenen Plänen anlegen – und er ließ sie gewähren. /
Ihre Parkomanie hatte jedoch einen bitteren Preis. Sie ruinierte
das Paar nicht nur finanziell, sondern setzte auch ihre Verbindung aufs Spiel. Um wieder zu Geld zu kommen, ließen sie sich
1826 pro forma scheiden, damit er in England eine neue vermö-
gende Frau suchen könne. Vor der Scheidung schrieb Lucie ihrem
Mann, dass sie ihm »das höchste, das einzig wahre Glück ihres
Lebens« verdanke. Eine Heiratskandidatin fand er nie. / Die Pücklers blieben bis zum Tod der Fürstin im Jahr 1854 ein Paar –
37 Jahre lang. Sie ruhen in der Seepyramide im Branitzer Park.

Cottbus/Ortsteil Branitz (sorbisch Chósebuz-Rogeńc), Robinienweg 5,
Schloss Branitz: Das 1770 bis 1772 für seinen Vater August Heinrich
Graf von Pückler erbaute Schloss ließ Fürst von Pückler-Muskau
zwischen 1845 und 1851 u. a. durch den Dresdener Architekten Gott-
fried Semper neu ausstatten. Die Wohnräume der Pücklers, darunter
seine mit Reisesouvenirs dekorierten Orientzimmer und Lucies kleine
Saalstube, sind heute als Schlossmuseum zugänglich. Im ehemaligen
Branitzer Gutshof informiert eine Dauerausstellung über Leben und
Werk des ungewöhnlichen Fürstenpaares.

Joachim RINGELNATZ
Schriftsteller, Kabarettist, Maler
1883 Wurzen/Sachsen – 1934 Berlin

Leonharda PIEPER, gen. »Muschelkalk«
Sprachlehrerin / 1898 Rastenburg/Ostpreußen,
heute Kętrzyn/Polen – 1971 Berlin

»Ich habe dich so lieb! Ich würde dir ohne Bedenken eine Kachel aus meinem Ofen schenken.« Mit seinem für ihn typischen skurrilen Witz bedichtete Joachim Ringelnatz auch die Liebe zu seiner Frau Leonharda Pieper, die nur unter ihrem Spitznamen, den er ihr gab, bekannt ist: Muschelkalk. **/** Sie und Ringelnatz, der trotz seines wenig attraktiven Aussehens (klein, dünn, große Hakennase), anziehend auf Frauen wirkte, hatten am 7. August 1920, seinem 37. Geburtstag, in München geheiratet. Es wurde eine glückliche Verbindung, obwohl Freunde sich anfangs wunderten, »daß Ringelnatz eine fünfzehn Jahre jüngere Lehrerin zur Frau nahm, oder vielleicht auch umgekehrt, daß eine junge, ›Staatlich geprüfte Sprachlehrerin‹ diesen Ringelnatz heiratete«, so Helga Bemmann in ihrer Ringelnatz-Biografie. **/** Ringelnatz, der in etwa 40 Berufen gearbeitet haben soll, darunter als Hauslehrer, Seemann, Bibliothekar, Schaufensterdekorateur und Inhaber eines Münchner Tabakgeschäfts, war mit seinen Balladen vom Seemann »Kuttel Daddeldu« und anderen Gedichten und Texten in den 1920er Jahren ein gefragter Vortragskünstler. Als »reisender Artist« unternahm er Tourneen durch ganz Deutschland, nach Prag, Zürich und Wien. Neben seinen literarischen

*Ringelnatz-Gedenktafel
am Haus Brixplatz 11*

Ringelnatz und seine Frau Leonharda, die er »Muschelkalk« nannte.

Arbeiten entstanden auch Gemälde und Grafiken, die er 1923 in der Berliner Galerie von Alfred Flechtheim erstmals ausstellte. / Seine Frau, die er auch »Muschelkälkchen«, »Liebstes auf Erden« und »innigst geliebte Kalk« nannte, wurde im Laufe der Zeit seine Privatsekretärin. Sie unterstützte Ringelnatz' künstlerische Arbeit, wo sie nur konnte, ging seine Texte mit ihm durch, korrigierte, tippte sämtliche Manuskripte ab und durchlitt mit ihm immer wieder finanzielle Engpässe. Trotz seiner beruflichen Erfolge reichten die Honorare meist nur für einen bescheidenen Lebensstil. / Während seiner Vortragsreisen schrieben sie sich häufig. »Liebster Muschelkalk«, so Ringelnatz, »ich vermisse Dich unendlich – mit Dir zu plaudern, was ich sonst keinem sagen kann oder mag – Dich zu umhalsen, auszuzanken ach, tausend Möglichkeiten und Menschlichkeiten.« Die Briefe gab Muschelkalk 1964 als »Reisebriefe an M.« heraus. / Anfang 1930 kam das Paar aus München, wo sich die politische Lage mit dem Erstarken des Nationalsozialismus bereits zuspitzte, nach Berlin und ließ sich am Brixplatz (damals Sachsenplatz) in einem damals neu erbauten Wohnblock nieder. Es wurde Ringelnatz' letzter Wohnsitz. Knapp vier Jahre später, am 17. November 1934, starb er hier – von den Nazis verfemt, infolge von Auftrittsverboten verarmt und Tbc-krank. Seine letzte Ruhe fand er auf dem Friedhof Heerstraße im Bezirk Charlottenburg. / Muschelkalk, die Ringelnatz um 43 Jahre überlebte, heiratete später den Arzt Julius Gescher, einen Freund ihres verstorbenen Mannes.

Berlin-Westend, Brixplatz 11: Joachim Ringelnatz und seine Frau Muschelkalk lebten ab 1930 in einer Atelierwohnung in der dritten Etage. Im Nebenhaus Nr. 9 wohnte bis 1933 der Boxer Max Schmeling.

Friedrich Eberhard von R O C H O W
Gutsherr, Sozialreformer, Schriftsteller
1734 Berlin – 1805 Schloss Reckahn/Brandenburg

Christiane Louise von R O C H O W, geb. von Bose
Gutsherrin, Sozialreformerin
1734 Weißenfels/Sachsen-Anhalt – 1808 Berlin

»Vernunft fürs Volk« – das war das Lebensmotto des Agrar-, Sozial- und Schulreformers Friedrich Eberhard von Rochow und seiner Frau Christiane Louise. Beide waren Cousin und Cousine zweiten Grades und bereits miteinander aufgewachsen, da sie als zwölfjähriges Waisenkind in die Obhut seiner Eltern gekommen war. Am 3. Januar 1759 heirateten sie, blieben kinderlos, aber 46 Jahre eng verbunden durch ihre vielfältigen, damals weit beachteten Reforminitiativen. Das ca. zehn Kilometer südlich der Stadt Brandenburg/Havel gelegene Gut Reckahn, das Friedrich Eberhard von Rochow 1760 von seinem Vater, dem Preußischen Staats- und Kriegsminister Friedrich Wilhelm von Rochow, übernommen hatte, machte das Paar zu einem brandenburgischen Zentrum der Aufklärung. Sozialreformerisch tat sich viel: Um die Armut der Dorfbevölkerung zu lindern, richtete Friedrich Eberhard von Rochow eine Armenkasse ein und gab den mittellosen Soldatenwitwen des Siebenjährigen Krieges auf seinem Gut Ackerland zur eigenen Bewirtschaftung. Sein größtes Engagement allerdings galt der allgemeinen Verbesserung der Bildung im Volk, denn mangelndes Wissen betrachtete er als die Hauptursache von Armut – eine bis heute aktuelle Auffassung. / Berühmt wurde er als Schulreformer. 1773 ließ er die Reckahner

Die ehemalige Reckahner Dorfschule, heute Schulmuseum

*Ideal eines aufge-
klärten Gutsbesitzers:
Friedrich Eberhard
von Rochow (Skulptur
im Rochow-Museum,
Reckahn)
Christiane Louise von
Rochow (Gemälde von
Franz Hillner, 1794)*

Dorfschule errichten, in der er kostenlosen Unterricht anbot und auch den angestellten Lehrer aus eigener Tasche bezahlte. Die kleine Schule wurde vorbildlich für ganz Preußen und zog zahlreiche Besucher an. Von Rochow, einst selbst mit Unterrichtsfächern traktiert, die ihn »nichts angingen«, vertrat zugleich ein reformpädagogisches Schulkonzept, das er in zum Teil bis heute verlegten Schriften erörterte, darunter »Der Kinderfreund. Ein Lesebuch zum Gebrauch in Landschulen« (1776, Faksimile 2003). Nach seinen Vorstellungen sollten die Kinder nicht mehr mit Prügelstrafen, sondern durch Motivation erzogen werden – eine Unterrichtsform, die sich erst in den Reformschulen des 20. Jahrhunderts allgemein durchsetzte. / Christiane von Rochow kümmerte sich nicht nur um den großen, aufwendigen Haushalt eines Landguts, sondern war auch Gastgeberin für die große Zahl interessierter Besucher, für Freunde wie den Schriftsteller Christian Fürchtegott Gellert und den Berliner Verleger Friedrich Nicolai oder Jagdgäste wie Friedrich Leopold Fürst von Anhalt-Dessau. Sie unterstützte und ergänzte die Reformaktivitäten ihres Mannes, indem sie die Armenkasse verwaltete und selbst mit Erfolg eine Handarbeitsschule gründete. / Im Alter verbrachten die Rochows die Wintermonate in Berlin, wo sie sich 1798 ein Haus am Leipziger Platz gekauft hatten (nicht erhalten). Im Sommer jedoch kehrten sie stets nach Reckahn zurück. Im Erbbegräbnis der Familie im Schlosspark sind sie bestattet.

*Kloster Lehnin/Ortsteil Reckahn, Reckahner Dorfstraße 27, Schloss
Reckahn: Das zwischen 1726 und 1729 als repräsentativer Sommersitz
erbaute Schloss der Rochows. Heute befindet sich hier das Rochow-
Museum, das über Leben und Wirken der einstigen Bewohner
informiert.*

Claus SCHENK GRAF VON STAUFFENBERG
Oberst, NS-Widerstandskämpfer
1907 Jettingen/Baden-Württemberg – 1944 Berlin

Nina SCHENK GRÄFIN VON STAUFFENBERG, geb. Freiin von Lerchenfeld
1913 Kowno (Kaunas)/Litauen – 2006 Kirchlauter/Franken

»Die Familie Stauffenberg wird ausgelöscht bis ins letzte Glied«, drohte »Reichsführer SS« Heinrich Himmler am 3. August 1944. Das Hitler-Attentat vom 20. Juli war gescheitert und Oberst Claus Schenk Graf von Stauffenberg noch in der gleichen Nacht mit einigen Mitverschwörern im Hof des Berliner Bendlerblocks, dem damaligen Sitz des Oberkommandos des Heeres (heute Bundesverteidigungsministerium), standrechtlich erschossen worden. Claus von Stauffenberg, heute die Symbolfigur des militärischen NS-Widerstands, gehörte zu den entschiedenen Gegnern des Naziregimes, als er im September 1943 an das Allgemeine Heeresamt in Berlin berufen wurde. Gemeinsam mit anderen Offizieren arbeitete er forciert an Plänen zur Beseitigung des »Führers«, hatte sich aber erst nach seiner Ernennung zum Stabschef des Ersatzheeres, die ihm Zugang zu Hitlers Lagebesprechungen erlaubte, entschlossen, ihn selbst zu töten – durch ein Sprengstoffattentat, denn eine Pistole konnte Stauffenberg, der bei einem Tieffliegerangriff in Tunesien das linke Auge, die rechte Hand und zwei Finger der linken Hand verloren hatte, nicht mehr bedienen. Hitler, der den Anschlag nur leicht

*Nina und Claus
von Stauffenberg
als Verlobte, 1931*

verletzt überlebt hatte, startete eine beispiellose Hetzjagd auf die Stauffenbergs. Die gesamte Familie kam in Sippenhaft. / Nina Schenk Gräfin von Stauffenberg, die im Radio vom Tod ihres Mannes erfuhr, war in dessen Widerstandspläne eingeweiht gewesen, ohne Details über das geplante Attentat zu kennen. Für den Fall seiner Verhaftung hatte er ihr geraten »[...] nicht zu ihm zu stehen, sondern alles zu tun, um [s]ich den Kindern zu erhalten.« Am 23. Juli 1944 wurde sie von der Gestapo verhaftet, verbrachte mehrere Wochen in einem Berliner Gefängnis und fünf Monate im Frauen-KZ Ravensbrück, schwanger mit ihrer Tochter Konstanze (geb. Januar 1945) und ohne über das Schicksal ihrer vier älteren Kinder Bescheid zu wissen, die in ein Kinderheim in Bad Sachsa gebracht worden waren. / Wie ihr Mann stammte sie aus adligen Kreisen. Ihr Vater, Freiherr Gustav von Lerchenfeld, war Diplomat, die Familie kultiviert und kosmopolitisch. Im Frühjahr 1930 hatte sie Claus von Stauffenberg kennengelernt, der als Leutnant zur Ausbildungs-Eskadron im Reiterregiment 17 in ihre Heimatstadt Bamberg gekommen war. Nach ihrer Hochzeit Ende September 1933 begannen zahlreiche berufsbedingte Umzüge u. a. nach Hannover, Wuppertal und Berlin. Das Paar führte oft eine Fernbeziehung, sie lebte mit den Kindern zeitweise bei ihrer Schwiegermutter im schwäbischen Familienschloss Lautlingen. / Nina von Stauffenberg, die nach Ende des Zweiten Weltkriegs nach Bamberg zurückgekehrt war, starb im Alter von beinahe 93 Jahren – fast 62 Jahre nach ihrem Mann. Wie alle Witwen des »20. Juli 1944« hat sie nie wieder geheiratet.

Berlin-Nikolassee, Tristanstraße 8–10: Im Haus seines Bruders Berthold wohnte Claus von Stauffenberg ab Herbst 1943. Von hier aus brach er am Morgen des 20. Juli 1944 ins Führerhauptquartier Wolfsschanze im ostpreußischen Rastenburg (heute Kętrzyn/Polen) auf, um Hitler zu töten. Mit seiner Familie lebte Stauffenberg zeitweise in der Nikolasseer Waltharistraße 20.

Max SCHMELING
Boxer, Unternehmer
1905 Klein Luckow/Mecklenburg-Vorpommern –
2005 Hollenstedt bei Hamburg

Anny ONDRA
Filmschauspielerin / 1903 Tarnów/Österreich-Ungarn,
heute Polen – 1987 Hollenstedt bei Hamburg

Sie waren füreinander die große Liebe: Max Schmeling, der Boxweltmeister aus dem mecklenburgischen Klein Luckow (sein Geburtshaus in der Dorfstraße 30/31 ist erhalten) und die öster-
reichisch-tschechische Filmschauspielerin Anny Ondra. Anfang
der 1930er Jahre waren sie Nachbarn, er lebte damals im Berliner
Westend am Brixplatz 9, sie am Brixplatz 12. Näher kennengelernt hatten sie sich jedoch erst, nachdem Schmeling Ondras
Film »Die vom Rummelplatz« gesehen und sich quasi im Kino in
sie verliebt hatte. Um ihr näher zu kommen, schickte er allerdings einen Freund vor. Bald galten Schmeling und Ondra als
Traumpaar. Ihre Hochzeit im Juli 1933 geriet zum Mediener-
eignis. / Beide gehörten zu den Publikumslieblingen ihrer Zeit.
Ondra, in Prag aufgewachsen, drehte seit Ende 1927 in Deutschland, nachdem eine Filmlaufbahn in England, wo sie u. a. in
Alfred Hitchcocks »The Manxman« gespielt hatte, wegen ihres
starken Akzents gescheitert war. Im deutschen Film verkörperte
sie, so der Filmhistoriker Kay Weniger »[...] das lustige, lebensfrohe
›süße Mädel‹« und »den schwärmerischen, munteren Backfisch
par exellence [...]« – bis sie sich 1937 ins Privatleben zurückzog.

*Max Schmeling
und Anny Ondra
als Brautpaar, 1933*

Auch Schmeling, seit 1930 erster deutscher Weltmeister im Schwergewicht und im Begriff, eine internationale Boxer-Karriere zu machen, war ein Star des deutschen Unterhaltungsfilms, spielte allerdings immer sich selbst, d. h. einen Boxer, so in »Liebe im Ring« und »Knock Out«, in dem Ondra seine Filmpartnerin war. / Das sympathische Paar, das keineswegs zu den überzeugten Nationalsozialisten gehörte, ließ sich unkritisch in die NS-Propagandamaschinerie einspannen. Es pflegte privaten Kontakt zu Hitler, der sie u. a. zum Tee in die Berliner Reichskanzlei einlud, und Schmeling wehrte sich nicht dagegen, als NS-Vorzeige-Sportler vereinnahmt zu werden. Seit seinem Sieg gegen den US-Boxer Joe Louis am 19. Juni 1936 im New Yorker Yankee-Stadion galt er als Nationalheld. Der Steglitzer Titania-Palast zeigte die Deutschland-Premiere des Dokumentarstreifens »Max Schmelings Sieg – ein deutscher Sieg« und die »Berliner Illustrirte Zeitung« veröffentlichte ein Foto Ondras, wie sie, gemeinsam mit Reichspropagandaminister Goebbels und dessen Frau, am »Volksempfänger« die Übertragung des Boxkampfs verfolgt. Nach seiner spektakulären Niederlage gegen Louis am 22. Juni 1938 durch k.o. in der ersten Runde allerdings relativierte die NS-Propaganda die Schmeling-Heroisierung: »Schmeling ist nicht Deutschland«. / Ihre Nähe zum NS-Regime wurde Ondra und Schmeling, der nach 1945 in der Nähe von Hamburg eine Coca-Cola-Fabrik betrieb, rasch verziehen. Der einstige »Nazi-Nummer-Eins-Boxer« blieb lebenslang eine Boxlegende und eine der beliebtesten Sportler-Persönlichkeiten des 20. Jahrhunderts. Die Ehe der beiden, die zu ihrem Bedauern kinderlos blieb, hielt 55 Jahre lang, bis zu Ondras Tod im Jahr 1987.

Berlin-Dahlem, Podbielskiallee 42: In der Nobelvilla, heute Sitz der libyschen Botschaft, bewohnten Max Schmeling und Anny Ondra von Herbst 1933 bis zum Umzug ins eigene Haus am Föhrenweg 16 im Jahr 1939 eine 13-Zimmer-Wohnung in der ersten Etage. Sie war vor allem für den Winter gedacht, im Sommer nutzten sie ihr Haus im brandenburgischen Bad Saarow.

Romy SCHNEIDER
Schauspielerin
1938 Wien – 1982 Paris

Harry MEYEN
Schauspieler, Regisseur
1924 Hamburg – 1979 Hamburg

Berlin war nur eine Episode im Leben des Schauspieler-Paares Romy Schneider und Harry Meyen, ebenso ihre Ehe, die nur wenige Jahre hielt. In der Berliner Grunewald Villa genossen sie ein kurzes Familienglück. Im Dezember 1966 wurde der gemeinsame Sohn David geboren und Schneider drehte längere Zeit nicht. / Beide hatten sich 1965 bei der Eröffnung des Berliner Europa-Centers in der Tauentzienstraße kennengelernt. Nachdem sich Meyen von seiner damaligen Frau, der Schauspielerin Anneliese Römer, getrennt hatte, heirateten sie im Sommer 1966. Doch die Ehe kriselte bald. Sie trennten sich 1973 und ließen sich zwei Jahre später scheiden – eine 1,4 Millionen-DM-Scheidung, so die Schneider-Biografin Alice Schwarzer. Schneider, die emotionale Sicherheit suchte, hatte in ihrem vierzehn Jahre älteren Mann nicht genügend Halt gefunden. In seiner Jugend schwer traumatisiert – er hatte als »Halbjude« das KZ Hamburg-Fuhlsbüttel überlebt –, litt Meyen immer wieder unter Depressionen. Alkohol- und Tablettenkonsum waren für beide ein Problem. Meyen war möglicherweise auch eifersüchtig auf den Star-Ruhm seiner Frau. Er war als Schauspieler selbst nicht ohne Erfolge,

*Romy Schneider
und Harry Meyen*

drehte für Film und Fernsehen, spielte u. a. in Helmut Käutners Zuckmayer-Adaption »Des Teufels General« und der TV-Serie »Der Kommissar«. In die Liga internationaler Film-Prominenz konnte er jedoch erst durch seine Heirat mit Romy Schneider aufrücken. / Protegiert durch ihre ehrgeizige Mutter, die einstige Ufa-Schauspielerin Magda Schneider, war sie früh zum Film gekommen und bereits mit siebzehn ein Superstar – durch ihre Rolle der jungen österreichischen Kaiserin Elisabeth in der »Sissi«-Trilogie (1955–1957), einer bis heute ausgestrahlten Film-Schnulze, die zum Kassenschlager des Nachkriegskinos wurde. Anders als die meisten ihrer Filmkolleginnen schaffte Romy Schneider den Sprung vom Image der herzigen Kindfrau zur international gefragten Charakterdarstellerin. Vor allem in Frankreich drehte sie an der Seite bedeutender Schauspieler wie Michel Piccoli, Louis Trintignant und ihrer großen, später gescheiterten Liebe Alain Delon. Unvergessen sind ihre Rollen u. a. in »Swimmingpool«, »Nachtblende« und »Die Spaziergängerin von Sanssouci«. In Viscontis faszinierendem Filmepos »Ludwig II.« spielte sie 1972 noch einmal die »Sissi«, die sie jetzt als gereifte Frau interpretieren konnte. / Das private Leben des einstigen Paares Schneider/Meyen endete tragisch. Ihn trieben seine Depressionen in den Tod, er erhängte sich vier Jahre nach der Scheidung in Hamburg. Sie starb im Alter von nur 43 Jahren an Herzversagen – nach schweren Schicksalsschlägen: einer weiteren Scheidung, diesmal von ihrem zweiten, neun Jahre jüngeren Ehemann Daniel Biasini, der ihr Geld für Sportwagen und Yachten verprasste, und dem tödlichen Unfall ihres 14-jährigen Sohnes David.

Berlin-Grunewald, Winkler Straße 22: Eine Vier-Zimmer-Wohnung mit Haushälterin und dem kleinen Sohn David war von 1966 bis 1972 ihr gemeinsames Zuhause.

Harro SCHULZE-BOYSEN
Jurist, Journalist, NS-Widerstandskämpfer
1909 Kiel – hingerichtet 22.12.1942 Berlin-Plötzensee

Libertas SCHULZE-BOYSEN, geb. Haas-Heye
Filmkritikerin, NS-Widerstandskämpferin
1913 Paris – hingerichtet 22.12.1942 Berlin-Plötzensee

»Wenn wir auch sterben sollen, so wissen wir: die Saat geht auf [...].« Dieser Satz von Harro Schulze-Boysen wurde 1945 auf einem Zettel in einer Dielenritze der Zelle 2 des ehemaligen »Hausgefängnisses« der Gestapo in der Berliner Prinz-Albrecht-Straße 8 gefunden (heute Niederkirchnerstraße, Dokumentationszentrum Topographie des Terrors). / Gerade einmal acht gemeinsame Jahre hatten Libertas und Harro Schulze-Boysen. Sie lernten sich 1934 kennen und heirateten zwei Jahre später. Zusammen kämpften sie gegen das NS-Regime und bezahlten dafür mit ihrem Leben. Nach Aufdeckung ihrer Aktivitäten im Sommer 1942 wurden sie wegen »Vorbereitung zum Hochverrat, Feindbegünstigung und Spionage« zum Tode verurteilt und am 22. Dezember des gleichen Jahres in Berlin-Plötzensee durch die Guillotine hingerichtet. / Beide stammten aus gutsituierten Elternhäusern, waren begabt und weltgewandt. Harro wuchs ab 1913 in Berlin auf, wo sein Vater als Marineoffizier am Marineamt tätig war (Wohnung in Wilmersdorf, Hohenzollerndamm 62). Libertas war eine Tochter des Berliner Kunstprofessors Otto Ludwig Haas-Heye und seiner Frau Victoria Gräfin zu Eulenburg und Hertefeld und verbrachte einen Teil ihrer Kindheit auf dem bran-

Berlin-Westend, Altenburger Allee 19: 1939 zogen Libertas und Harro Schulze-Boysen in die Altenburger Allee, wo heute eine Gedenktafel an sie erinnert.

Die NS-Gegner Harro und Libertas Schulze-Boysen

denburgischen Gut Liebenberg, dem Wohnsitz ihres Großvaters. / Nach außen hin lebte das Paar angepasst und machte in der NS-Zeit anfangs sogar Karriere. Harro kam nach einem Jura-studium in der Nachrichtenabteilung des Reichsluftfahrtminis-teriums unter. Libertas wurde Pressereferentin im Berliner Büro der US-Filmgesellschaft Metro-Goldwyn-Mayer, schrieb Film-kritiken für die »National-Zeitung« und arbeitete ab 1941 in der Kulturfilmzentrale des Reichspropagandaministeriums. Wäh-rend er schon vor Hitlers Machtübernahme ein entschiedener Nazi-Gegner war, wurde sie 1933 NSDAP-Mitglied, trat aber Anfang 1937 wieder aus. / Mitte der 1930er Jahre begann ihre Widerstandsarbeit. Zuhause veranstalteten sie sogenannte »Picknick-Abende«, als Freizeitvergnügen getarnte Treffen mit Regimegegnern, die sich lose aus unterschiedlichen weltan-schaulichen Kreisen zusammensetzten – von der Gestapo später als »Rote Kapelle« bezeichnet. Sie verfassten Flugschriften, in denen sie zum Widerstand gegen das NS-Regime aufriefen. Gemeinsam mit → Arvid Harnack informierte Harro Anfang 1941 russische Diplomaten über den geplanten Angriff Deutsch-lands auf die damalige Sowjetunion. Libertas sammelte Bildma-terial über die NS-Gewaltverbrechen an der Ostfront, das sie später vernichtete. / Während Harro (seine Frau fand weit weni-ger Beachtung) wegen seiner prosowjetischen Einstellung nach 1945 in der DDR als Held verehrt wurde, galt er im Westen gerade deswegen als Landesverräter und wurde erst spät rehabilitiert. Heute informiert die Berliner Gedenkstätte Deutscher Wider-stand über das Paar und die »Rote Kapelle«.

Löwenberger Land/Ortsteil Liebenberg, Parkweg 1, Schloss und Gut Liebenberg: Das 1743 errichtete und zwischen 1875 und 1906 erweiterte Schlossgut, ca. 60 Kilometer nördlich von Berlin gelegen, gehörte Libertas' Großvater, dem Diplomaten Philipp Fürst zu Eulenburg und Hertefeld. Sie verbrachte hier einen Teil ihrer Kindheit, sie und Harro heirateten am 26. Juli 1936 in der Schlosskapelle (Libertas-Kapelle), in der heute eine Fotoausstellung über ihr Leben und den NS-Widerstand informiert.

Richard S T R A U S S
Komponist, Dirigent
1864 München – 1949 Garmisch-Partenkirchen

Pauline S T R A U S S, geb. de Ahna
Opernsängerin
1863 Ingolstadt – 1950 Garmisch-Partenkirchen

»[...] ich bitte Sie um Gotteswillen«, schrieb Pauline de Ahna wenige Wochen vor ihrer Verlobung an Richard Strauss, »sich nicht so übermäßig zu freuen, Sie wissen selbst am besten, wie viele Fehler ich habe und ich sage Ihnen aufrichtig, es ist mir trotz allem Glücksgefühl [...] manchmal entsetzlich bang. [...] nun soll ich so plötzlich ein wahres Muster von Hausfrau werden, damit Sie sich nicht enttäuscht fühlen. [...] ich fürchte, es wird scheitern.« / Ihr fiel es schwer, als verheiratete Frau ihre Laufbahn als Sopranistin aufgeben zu müssen – nicht, weil ihr zukünftiger Mann ihr das Singen verbot, wie Gustav Mahler einst seiner Frau Alma das Komponieren, sondern weil es in bürgerlichen Kreisen damals so üblich war. Ihre berüchtigten Launen, von denen später berichtet wurde, entstanden möglicherweise aus der Enttäuschung, ihre Gesangskarriere nicht fortgesetzt zu haben. Nicht einmal das glanzvolle Leben an der Seite eines berühmten Musikgenies konnte diese ganz kompensieren. / Richard Strauss und Pauline de Ahna, Tochter eines bayerischen Generals, hatten sich 1887 in München kennengelernt, als er ihr Gesangslehrer wurde. Die selbstbewusste junge

Familie Strauss
in der Berliner Knese-
beckstraße 30, 1904

Sängerin folgte ihm 1889 ans Weimarer Hoftheater, wo er zweiter Kapellmeister geworden war. Bei der Uraufführung seiner ersten Oper »Guntram« sang sie dort die Partie der »Freihild«. Zwei
Tage zuvor, am 10. Mai, hatten sie sich verlobt, am 10. September
1894 heirateten sie. Pauline Strauss wurde eine ausgezeichnete
Interpretin seiner Lieder und begleitete ihn anfangs auf vielen
seiner Konzertreisen. Sie sang auch Rollen in Mozart- und Wag-
ner-Opern – häufig unter der Leitung ihres Mannes. Nach der
Geburt ihres einzigen Kindes Franz (1897–1980) jedoch trat sie
kaum noch auf, sondern organisierte den großbürgerlichen
Haushalt – ab Anfang November 1898 in Berlin. / Als erster Kapellmeister und späterer Generalmusikdirektor der Berliner Hof-
oper (heute Staatsoper Unter den Linden) beeinflusste Richard
Strauss zwanzig Jahre lang entscheidend das musikalische Leben der Stadt – mit einem für damalige Verhältnisse zwar recht
hohen Jahresgehalt von 18.000 Mark, jedoch auch mit enormen
Verpflichtungen. Er dirigierte fast das gesamte Opernrepertoire
und leitete die Sinfoniekonzerte. / Richard und Pauline Strauss
gehörten zu den Honoratioren Berlins mit repräsentativen Wohnungen im gutbürgerlichen Charlottenburg, das bis 1920 noch
selbstständige Gemeinde war. Sie lebten in der Knesebeckstraße
30 (neun Zimmer), der Joachimsthaler Straße 17 (nicht erhalten),
am Kaiserdamm 39 und zuletzt am Theodor-Heuss-Platz (zwölf
Zimmer). Die Sommer verbrachten sie in ihrer Villa im oberbaye-
rischen Garmisch-Partenkirchen. / 53 Jahre lang führten sie, trotz
häufiger Streitigkeiten, eine Ehe voll enger Verbundenheit. Pauline Strauss starb nur acht Monate nach ihrem Mann.

Berlin-Westend, Heerstraße 2: Das große, 1908 vom Architekturbüro
Heidenreich & Michel erbaute Eckhaus am Theodor-Heuss-Platz war
von 1913 bis 1917 die letzte Berliner Adresse von Richard und Pauline
Strauss. In ihrer Wohnung im vierten Stock des linken Hausteils ent-
standen die Strauss-Opern »Frau ohne Schatten« und »Ariadne auf
Naxos«.

Erwin STRITTMATTER
Schriftsteller
1912 Spremberg – 1994 Dollgow/Brandenburg

Eva STRITTMATTER, geb. Braun
Schriftstellerin
1930 Neuruppin – 2011 Berlin

Schon zwei Jahre vor ihrer Heirat hatten sich Eva und Erwin Strittmatter im ehemaligen Büdnerhof im brandenburgischen Schulzenhof niedergelassen, einem in idyllischer Landschaft gelegenen Vorwerk mit nur sieben Häusern. Es war seine Entscheidung gewesen, sie konnte sich anfangs nur schwer an das Landleben gewöhnen und wäre lieber in ihrer Berliner Wohnung am Strausberger Platz geblieben. Denn während er, trotz Landarbeit und Pferdezucht, selbstverständlich weiter an seinen Romanen arbeitete, kam Eva Strittmatter kaum noch zum Schreiben. Die meiste Zeit war sie in Landwirtschaft, Haushalt und die Erziehung der drei gemeinsamen Söhne Erwin, Matthes und Jakob sowie ihres Kindes aus erster Ehe eingespannt. Dass sie ihren Mann nebenbei in seiner schriftstellerischen Arbeit unterstützte, indem sie seine Manuskripte las und mit ihm besprach, war selbstverständlich. / Die Strittmatters waren ein ungleiches Paar. 18 Jahre älter als sie, lagen bereits zwei gescheiterte Ehen, aus denen vier Kinder hervorgegangen waren, hinter ihm, und längst hatte er sich als *der* volkstümliche Schriftsteller der DDR etabliert. Seine Bücher, wie die Trilogie »Der Laden« (1983, 1987 und 1992), ein autobiografisch gefärbter Roman-Bestseller, in dem er lebensnah und humorvoll seine Kindheit und Jugend im bran-

*Eines der promi-
nentesten Schrift-
stellerpaare der
DDR: Eva und Erwin
Strittmatter*

denburgischen Bohsdorf beschreibt, wurden in mehr als vierzig Sprachen übersetzt und erzielten Millionenauflagen. Er verfasste auch Kurzgeschichten und Miniaturen, die sich auf seine Heimat beziehen, darunter der »Schulzenhofer Kramkalender« (1965). / Als gelernter Bäcker ohne akademische Ausbildung, der sich sein Geld zeitweise auch als Kellner, Chauffeur, Bauer, Pelztier- und Pferdezüchter verdient hatte, führte er eine eher unangepasste Existenz. Obwohl SED-Mitglied hatte er dem Staat gegenüber ein angespanntes Verhältnis, zumal Parteifunktionäre seinen in der frühen DDR spielenden Roman »Ole Bienkopp« (1963) kritisierten. / Eva Strittmatter, die Tochter eines Bankkaufmanns aus Neuruppin, war studierte Germanistin, hatte als Literaturkritikerin und wissenschaftliche Mitarbeiterin beim Deutschen Schriftstellerverband gearbeitet und, wie ihr Mann, bereits in jungen Jahren mit dem Schreiben begonnen. Im Laufe ihrer Ehe konnte sie sich als Autorin etablieren und wurde eine der bekanntesten Lyrikerinnen der DDR. Ihre Gedichtbände (u. a. »Ich mach ein Lied aus Stille«) und Prosaschriften (u.a. »Briefe aus Schulzenhof«), in denen Natur und menschliche Beziehungen eine Hauptrolle spielen, fanden eine eingeschworene Leserschaft und erzielten hohe Auflagen. Ihr Essay »Mai in Piest'any« reflektiert ihre Ehe mit Erwin Strittmatter. / Das Schriftstellerpaar, das keine leichte Beziehung, aber eine 38 Jahre währende Ehe verband, ist auf dem Schulzenhofer Friedhof bestattet.

Schulzenhof, Schulzenhof 1: Blick auf den Schulzenhof, der 1954 von den Strittmatters übernommen wurde. Erwin Strittmatter verfasste darüber den Text »Ein Haus bei Rheinsberg kaufen«. Das kleine Haus an der Straße (rechts im Bild) war bereits vorhanden, erst 1971/72 bauten sie auf dem Grundstück ein zweites Wohnhaus.

Felixsee/Ortsteil Bohsdorf, Dorfstraße 35: Erwin Strittmatters Elternhaus. Die teilweise noch original eingerichteten Wohnräume und der ehemalige, rekonstruierte Lebensmittelladen seiner Eltern sind heute Museum.

Hermann S U D E R M A N N

Schriftsteller / 1857 Matzicken/Ostpreußen,
heute Macikai/Litauen – 1928 Berlin

Clara S U D E R M A N N, geb. Schulz

Schriftstellerin / 1861 Königsberg/Ostpreußen,
heute Kaliningrad/Russland – 1924 Berlin

Als sich Hermann und Clara Sudermann im Sommer 1891 kennenlernten, gehörte er zu den bekanntesten Dramatikern und
Romanautoren Deutschlands. Sie war eine junge Witwe mit drei
kleinen Kindern und hatte gerade ihre erste Novelle »Mein
Stern« veröffentlicht, mit der sie ein Preisausschreiben, an dem
namhafte Autoren teilnahmen, gewonnen hatte. Sie heirateten
im Herbst desselben Jahres und lebten zunächst in Königsberg
und im Ostseebad Rauschen (heute Swetlogorsk/Russland). /
Ihr Verhältnis war von Anfang an belastet – durch Clara Sudermanns Herzleiden, das sie wiederholt zu Kuraufenthalten zwang,
seine häufigen Reisen und die Tatsache, dass sie als Ehefrau und
Mutter nur wenig zum Schreiben kam. Bereits im Jahr nach der
Heirat zog sie mit ihren Kindern allein nach Dresden und kehrte
erst 1895 zu ihrem Mann zurück, der inzwischen wieder in Berlin
wohnte, wo er einst studiert hatte. Ihre Kinder aus der Ehe mit
dem verstorbenen Königsberger Wasserbaudirektor Lauckner
blieben in einem Dresdner Internat, die 1892 geborene, gemeinsame Tochter Hede nahm sie mit. / Das Paar, das später auch
eine Villa in Berlin-Grunewald besaß, verbrachte die meiste Zeit
auf dem Land. Von den Tantiemen seiner zahlreichen sozial-
kritischen Werke, genannt seien sein Erfolgsstück »Die Ehre«
und der Roman »Frau Sorge«, hatte Hermann Sudermann 1891

*Hermann und
Clara Sudermann*

das Herrenhaus im brandenburgischen Blankensee gekauft, das
er schon seit vier Jahren zur Miete bewohnte. Die Gestaltung des
zwischen Grössinsee und Blankensee gelegenen Anwesens zu
einem romantischen Landsitz mit italienischem Flair ist das gemeinsame Werk von Hermann und Clara Sudermann. »Es ist
wirklich ein südliches Stück Welt, »daß wir uns hier aufgebaut
haben« schrieb er ihr 1915. Das barocke, um 1739/40 vom kur-
sächsischen Amtshauptmann Christian Wilhelm von Thümen
errichtete Herrenhaus ließen sie umbauen, restaurieren und erweitern. Der alte Lenné-Park mit dichtem Baumbestand und
Wasserkanälen wurde mit Loggia, Rundtempel und Skulpturen
ausgestattet, darunter Rokokofiguren vom Giebel eines Potsdamer Bürgerhauses und in Italien erworbene Büsten römischer
Kaiser. / Ein ungetrübtes Idyll war Blankensee jedoch nicht. Hermann Sudermann, der sich seine Schriftstellerkarriere hart erar-
beitet hatte, zog sich hier auch vor den »Zurücksetzungen und
Kränkungen« der Berliner Theaterszene zurück, denn sein Erfolg
schützte ihn nicht vor Kritik. Der für seine beißenden Urteile be-
rüchtigte Theaterkritiker Alfred Kerr »vernichtete« Sudermann
regelrecht, wie → Erika Mann später schrieb. / Das Grab des
Paares, dessen Werke heute so gut wie vergessen sind, befindet
sich auf dem Friedhof in Berlin-Grunewald – geschmückt mit einer Büste der griechischen Göttin Hera, die sich einst im Garten
von Schloss Blankensee befand.

*Trebbin/Ortsteil Blankensee, Blankenseer Dorfstraße 1, Schloss
Blankensee: Der Sommersitz des Ehepaares Sudermann. Das Schloss
gehört heute der Brandenburgischen Schlösser GmbH, wird von der
Hermann-Sudermann-Stiftung genutzt und kann für Veranstaltungen gemietet werden. Sudermanns testamentarischer Wunsch,
hier eine Stiftung für »kranke und bedürftige Kollegen« zu schaffen,
wurde nie realisiert. Das Sudermann-Gedenkzimmer kann nach Ver-
einbarung besichtigt werden. Der Park ist öffentlich zugänglich.*

*Berlin-Grunewald, Bettinastraße 3: Die 1895 von Otto March erbaute
Villa war seit 1909 der Stadtwohnsitz der Sudermanns.*

Henning von T R E S C K O W
Jurist, Offizier, NS-Widerstandskämpfer
1901 Magdeburg – 1944 Ostrowo/Polen

Erika von T R E S C K O W, geb. von Falkenhayn
1904 Braunschweig – 1974 Göttingen

Im Potsdamer Schloss Lindstedt lernten sie sich 1924 kennen: Der junge Offizier Henning von Tresckow und Erika von Falkenhayn, die Tochter des früheren preußischen Kriegsministers Erich von Falkenhayn. Tresckow soll schwungvoll vom Säulengang des Schlosses gesprungen sein, um ihr einen Heiratsantrag zu machen. Sie heirateten am 18. Januar 1926 und ließen sich in Potsdam nieder, wo er in das legendäre Infanterie-Regiment Nr. 9 eintrat, dem überdurchschnittlich viele adlige Offiziere angehörten (»Regiment Graf 9«). Viele von ihnen beteiligten sich später am Widerstand gegen Hitler. / Henning von Tresckow, der bereits im Alter von sechzehn Jahren im 1. Potsdamer Garde-Regiment zu Fuß gedient hatte, setzte seine Militärkarriere auch im »Dritten Reich« fort, zuletzt als Chef des Stabes der zweiten Armee an der Ostfront. Innerlich jedoch wandelte er sich zum Gegner des Nationalsozialismus und sah schließlich keinen anderen Ausweg, als Hitler zu töten, um das NS-Regime zu stürzen. »Das Attentat muss erfolgen«, so sein später berühmt gewordenes Fazit. »[...] Denn es kommt nicht mehr auf den praktischen Zweck an, sondern darauf, daß die deutsche Widerstandsbewegung vor der Welt und vor der Geschichte den entscheidenden Wurf gewagt hat.« / Nach vergeblichen Versuchen, den »Führer« bei einem Flug an die Ostfront sowie beim Besuch einer Ausstellung im Berliner Zeughaus durch ein Sprengstoffattentat zu

Potsdam, Berliner Straße 10 (früher Am Kanal 7): Der Potsdamer Wohnsitz des Paares. Das barocke Haus wurde 1724 von Peter de Gayette erbaut, später wurde es mit dem Gebäude Ecke Berliner Straße verbunden (links im Bild). Eine weitere Wohnung der Tresckows befand sich in der Breite Straße, direkt neben der 1968 gesprengten Garnisonkirche.

In glücklichen Zeiten:
Henning und Erika
von Tresckow, 1932

töten, beteiligte sich Tresckow an der Ausarbeitung von → Stauffenbergs Umsturzplänen »Walküre«, bis er im Juni 1944 zurück an die Front musste. Dort beging er am 21. Juli, einen Tag nach dem gescheiterten Hitler-Attentat, mit einer Handgranate Selbstmord. Um seine Familie vor den erbarmungslosen Repressalien der Nazidiktatur zu schützen, hatte er den Eindruck vortäuschen wollen, er sei von Partisanen getötet worden – vergeblich: Seine Mitwisserschaft wurde aufgedeckt und sein schon bestatteter Leichnam exhumiert und verbrannt. / Seine Frau hatte von den Staatsstreichplänen gewusst, ja war sogar seine Mitarbeiterin gewesen. Außerdem war sie eine Jugendfreundin von Margarethe von Oven, die – offiziell als Sekretärin bei der Heeresgruppe Mitte tätig   für die Hitlerverschwörer die Umsturzpläne tippte. Erika wurde nach dem Attentat verhaftet und war von Mitte August bis Anfang Oktober im Berliner Frauengefängnis inhaftiert. Ihre zwei Töchter kamen, wie die Stauffenberg-Kinder, in ein Kinderheim in Bad Sachsa. Die beiden Söhne waren bereits zum Militär eingezogen worden. / Erika von Tresckow, die nach Ende des Zweiten Weltkriegs in Göttingen eine neue Heimat gefunden hatte, bewältigte die Trauer über den Tod ihres Mannes allein. »Meine Mutter«, sagte ihre Tochter Uta von Aretin 2014 in einem Zeitungsinterview, »hat nie über ihn und die Ereignisse sprechen können [...].«

Potsdam, Lindstedter Chaussee, Schloss Lindstedt: *Das Schloss, einst ein barockes Vorwerk, ließ sich Friedrich Wilhelm IV. zwischen 1858 und 1861 zur ›antiken Villa‹ umbauen. Zeitweise war es Wohnsitz von Erich von Falkenhayn, dem Vater von Erika von Tresckow.*

Kurt TUCHOLSKY
Journalist, Schriftsteller
1890 Berlin – 1935 Hindas bei Göteborg/Schweden

Else TUCHOLSKY, geb. Weil
Ärztin
1889 Berlin – ermordet 1942 KZ Auschwitz

»Sprache ist eine Waffe, haltet sie scharf.« Mit diesen Worten von Kurt Tucholsky erinnert eine Gedenktafel in der Friedenauer Bundesallee 79 an den bedeutenden Berliner Schriftsteller und Journalisten. Nichts jedoch weist darauf hin, dass er hier vier Jahre lang mit seiner ersten Frau Else lebte. Ihr Name ist nur wenig bekannt, als literarische Figur allerdings ist sie berühmt. Sie ist die »Claire« aus seiner Erzählung »Rheinsberg – Ein Bilderbuch für Verliebte« (1912), das einen Wochenendausflug eines Berliner Liebespaares ins sommerliche Rheinsberg, den Kronprinzensitz von → Friedrich II., beschreibt. Die unkonventionelle Geschichte, die auf einer tatsächlichen Reise von Tucholsky und Weil basiert, faszinierte damals viele Leser, vor allem wegen der unbeschwerten Stimmung des jungen unverheirateten Paares, das sich über damalige Moralbegriffe hinwegsetzte. / »Tucho«, promovierter Jurist und wohlhabender Erbe – sein Vater Alex, Direktor der »Berliner Handelsgesellschaft«, hatte ihm ein auskömmliches Vermögen hinterlassen –, war bereits als Autor erfolgreich, als er und Else Weil nach langjähriger Beziehung 1920 heirateten. Unter den Pseudonymen Peter Panter, Theobald Tiger, Ignaz Wrobel und Kaspar Hauser verfasste er Essays, Kritiken, Chansons, Gedichte und Kabarett-Texte – bissig und satirisch, aber auch warm und melancholisch. / Else Weil entstammte wie

Berlin-Friedenau, Bundesallee 79: In der zweiten Etage des 1911 erbauten Hauses lebte Kurt Tucholsky von 1920 bis 1924 mit seiner ersten Frau Else Weil, die hier auch ihre Arztpraxis hatte.

Kurt Tucholsky, 1920
Else Tucholsky, um 1920

Tucholsky einer assimilierten jüdischen Familie, ihr Vater war ein wohlhabender Kaufmann. Sie sei die »klügste Frau« gewesen, die er je kennengelernt habe, so Tucholsky später. Als eine der ersten Frauen ihrer Zeit studierte sie Medizin, 1917 war sie eine von 90 approbierten Ärztinnen in Deutschland. Sie promovierte bei dem prominenten Nervenarzt Karl Bonhoeffer, dem Vater → Dietrich Bonhoeffers, und arbeitete zeitweise an der Frauenklinik der Charité. / Tucholsky und Weil waren ein Musterpaar: wohlhabend, erfolgreich und gleichberechtigt – fast nach heutigen Maßstäben. Doch die Ehe hielt nicht, denn Tucholsky war nur »ein bisschen mit ihr verheiratet«, wie er später bekannte. Er hatte wiederholt Affären mit anderen Frauen und nahm bald sein Verhältnis zu Mary Gerold wieder auf, sie wurde seine zweite Ehefrau und Universalerbin. / 1924 trennten sich Tucholsky und Weil. Er ging mit Gerold als Korrespondent nach Paris. Weil zog mit ihrer Mutter in die Wielandstraße 33 nahe des Kurfürstendamms, wo sie wieder eine eigene Praxis führte. / Beider Leben endete tragisch. Weil erhielt in der NS-Zeit Berufsverbot, arbeitete als Kinderfrau, floh nach Holland und Frankreich, wurde nach Auschwitz deportiert und im September 1942 vergast. Der Weltbürger Tucholsky, der lange vor dem aufkommenden Nationalsozialismus gewarnt hatte, war schon 1929 nach Schweden emigriert, wo er sich 1935 das Leben nahm.

Berlin-Moabit, Lübecker Straße 13: *Im zweiten Stock des Mietshauses (re.) wurde Kurt Tucholsky am 9. Januar 1890 als ältester Sohn eines Bankdirektors geboren.*

Walter U L B R I C H T
DDR-Staatsoberhaupt, Tischler
1893 Leipzig – 1973 Döllnsee/Brandenburg

Lotte U L B R I C H T, geb. Kühn
SED-Funktionärin, Stenotypistin, wissenschaftliche Mitarbeiterin / 1903 Berlin – 2002 Berlin

Wie ihre Nachfolger → Erich und Margot Honecker stammten Walter und Lotte Ulbricht aus Arbeiterfamilien und engagierten sich schon seit Jugendjahren in KPD-Organisationen. Walter Ulbrichts Vater war Schneider, verdiente aber kaum genug, um die Familie zu ernähren, sodass sich Ulbricht, der als ehrgeizig, strebsam und vielseitig interessiert galt, den Besuch einer höheren Schule nicht leisten konnte und Möbeltischler lernte. Auch die Familie von Lotte Ulbricht war arm, ihr Vater war Hausdiener und Hilfsarbeiter in Berlin-Rixdorf, die Mutter Heimarbeiterin. Lotte Ulbricht arbeitete später als Stenotypistin und Sekretärin. / Die Ulbrichts verstanden es, die Weiterbildungsmöglichkeiten ihrer Partei zu nutzen. Sie besuchten Parteischulen in Moskau, wo sie sich 1935 kennenlernten und während der Nazizeit auch das Exil verbrachten. Aufgrund ihrer ähnlichen Herkunft, gemeinsamer politischer Überzeugungen und gleicher Interessen – beide waren sportlich und kulturell interessiert – passten sie gut zueinander und betrachteten sich längst als Ehepaar, wenngleich sie erst 1950, nach der Scheidung von ihren bisherigen Partnern, heiraten konnten. / Walter Ulbricht, der 1919 zu den

Walter Ulbricht

Lotte Ulbricht (Mitte) im VEB Werk für Fernsehelektronik in Berlin-Oberschöneweide, 1960

Mitbegründern der KPD gehörte und lange als Abgeordneter seiner Partei im Sächsischen Land- und im Berliner Reichstag gesessen hatte, stieg nach 1945 zu einem der mächtigsten Politiker der neu gegründeten DDR auf. Mehr als zwanzig Jahre lang war er Erster Sekretär des ZK (Zentralkomitees) der SED und ab 1960 als DDR-Staatsratsvorsitzender schließlich auch Staatsoberhaupt – bis er 1971 von Gegnern in der eigenen Partei aus »gesundheitlichen Gründen« zum Rücktritt gezwungen wurde und die Macht an Honecker abtreten musste. In Ulbrichts Ära fiel der Bau der innerdeutschen Mauer am 13. August 1961, den er im Juni desselben Jahres mit seinem legendären Satz »Niemand hat die Absicht eine Mauer zu errichten!« noch dementiert hatte. / Lotte Ulbricht studierte ab 1954 Gesellschaftswissenschaften und arbeitete lange Zeit als wissenschaftliche Mitarbeiterin am Institut für Marxismus-Leninismus. Ihr selbstsicheres, oft dominantes Auftreten ließ zahlreiche Bekannte auf Distanz gehen. Andererseits wurde sie aber auch als Mensch geschildert, der seine Herkunft nicht vergaß und vielen half. / Beide scheinen eine mustergültige Ehe geführt zu haben. Ihr bieder wirkendes Auftreten – Fotos und Filmaufnahmen zeigen Ulbricht und seine ›First Lady‹ vorzugsweise beim Tischtennis sowie beim Kaffeetrinken im Garten – machte sie zu idealen Repräsentanten der frühen DDR. Ihr großer Kummer war ihre Tochter Beate (eigentlich Maria Pestunova), die sie adoptiert hatten, da sie keine eigenen Kinder bekommen konnten. Sie entzog sich dem Zugriff ihrer Eltern und endete als Alkoholikerin. 1991 fand man sie erschlagen in ihrer Berliner Wohnung.

Berlin-Pankow, Majakowskiring 12: Der ›Witwensitz‹ von Lotte Ulbricht. Sie lebte hier zurückgezogen bis zu ihrem Tod im Alter von 98 Jahren. Das Haus am Majakowskiring 28/30, das sie seit 1945 mit Walter Ulbricht bewohnt hatte, wurde später für den Neubau eines Gästehauses abgerissen. 1960 bezogen sie ein Haus in der hermetisch abgeriegelten Funktionärssiedlung im brandenburgischen Wandlitz, die Walter Ulbricht selbst in Auftrag gegeben hatte.

Rahel VARNHAGEN VON ENSE, geb. Levin
Salonière
1771 Berlin – 1833 Berlin

Karl August VARNHAGEN VON ENSE
Schriftsteller, Herausgeber, Diplomat
1785 Düsseldorf – 1858 Berlin

Rahel und Karl August Varnhagen von Ense: Während er heute weitgehend vergessen ist, ist sie bis heute berühmt – als prägende Figur der Berliner Romantik und geistig emanzipierte Frau und Jüdin, vor allem aber als legendäre Salonière. / Ihren ersten Salon führte Rahel zwischen 1793 und 1808 in der Dachstube ihres Elternhauses in der Berliner Jägerstraße (nicht erhalten). Neben dem von Henriette Herz in der Neuen Friedrichstraße (heute Littenstraße) und dem ›offenen Haus‹ von → Bettine von Arnim war er Mittelpunkt der damaligen Kultur- und Geisteselite, in dem Bürger und Aristokraten, Christen und Juden gleichberechtigt zusammentrafen, darunter der Schriftsteller Ludwig Tieck, → Wilhelm und Caroline von Humboldt sowie → Friedrich und Caroline de la Motte Fouqué. Einen zweiten Salon etablierte Rahel ab 1819 in ihrer Wohnung Französische Straße 20 (nicht erhalten), wo → Felix und Fanny Mendelssohn Bartholdy, → Hermann Fürst von Pückler-Muskau und Heinrich Heine, der sie die »geistreichste Frau des Universums« nannte, zu ihren Gästen zählten. / Sie war keine Schriftstellerin im herkömmlichen Sinn. Ihr besonderes Talent lag in der Gesprächskultur, die sie auf ihre umfangreiche Korrespondenz ausdehnte. An die 10 000 Briefe soll sie hinterlassen haben. »Mein Leben«,

Rahel Varnhagen von Ense (Relief-Porträt von Friedrich Tieck auf der Gedenktafel im Hauseingang Jägerstraße 54–55)

Karl August Varnhagen von Ense (Zeichnung von Wilhelm Hensel, 1822)

sagte Rahel, »soll zu Briefen werden.« / Trotz ihres hohen Ansehens war ihr persönliches Lebensglück oft getrübt. Sie war zwar intelligent, gebildet und selbstbewusst, aber weder schön noch reich, denn das Vermögen ihres Vaters, des Bankiers und Juwelenhändlers Markus Levin, ging später großenteils verloren. Als Frau und (1814 christlich getaufte) Jüdin blieb sie gesellschaftlich von vielem ausgeschlossen, worunter sie lebenslang litt. Auch einen passenden Ehemann fand sie lange nicht. Eine Liebesbeziehung zu dem Diplomaten Karl von Finckenstein, einem Mann »von gutmütiger Schwäche«, so Rahel, scheiterte aus Standesgründen. Die Verlobung mit dem spanischen Legationssekretär Don Raphael d'Urquijo wurde wieder aufgelöst. Erst 1814 heiratete sie den vierzehn Jahre jüngeren Arzt und Diplomaten Karl August Varnhagen (1826 geadelt), mit dem sie literarische Interessen und liberale Ansichten verbanden. Gemeinsam lebten sie 1814/15 in Wien – Karl war Mitglied des diplomatischen Korps, das am Wiener Kongress nach den napoleonischen Kriegen teilnahm – und von 1816 bis 1819 in Karlsruhe, wo er am badischen Hof beschäftigt war. Erst 1819 kehrten sie nach Berlin zurück. / 1827 in den Ruhestand verabschiedet, machte sich Karl Varnhagen von Ense mit Publikationen wie den »Blättern aus der preußischen Geschichte« als politischer Chronist einen Namen. Nach dem Tod seiner Frau veröffentlichte er »Rahel: Ein Buch des Andenkens für ihre Freunde« sowie eine dreibändige Ausgabe ihrer Briefe und machte sie damit unvergesslich.

Berlin-Mitte, Jägerstraße 54–55: Im Wohnhaus, das früher hier stand, verbrachte Rahel Varnhagen von Ense ihre Kindheit und Jugend. In einer Dachstube befand sich später ihr erster Salon, in dem »mit Worten gefochten, Kritik mit Geist und Witz geübt, um Wahrheit gerungen« wurde, wie es im Text der Gedenktafel heißt.

Berlin-Kreuzberg, Bergmannstraße 39–41, Dreifaltigkeitsfriedhof: Das Grab des Ehepaares Varnhagen nach der Wiederherstellung im Jahr 2005.

WILHELM
Kronprinz des Deutschen Reichs und
Kronprinz von Preußen
1882 Potsdam – 1951 Hechingen/Baden-Württemberg

CECILIE, geb. Prinzessin zu Mecklenburg-Schwerin
Kronprinzessin des Deutschen Reichs und Kronprinzessin
von Preußen / 1886 Schwerin – 1954 Bad Kissingen

Im nördlichen Teil des Potsdamer Neuen Gartens, nahe dem Marmorpalais von → Friedrich Wilhelm II., liegt Schloss Cecilienhof, der letzte Schlossbau der Hohenzollern, der zwischen 1913 und 1917 nach Plänen von Paul Schultze-Naumburg als ständiger Wohnsitz des Kronprinzenpaares Wilhelm und Cecilie von Preußen erbaut wurde. Bekannter ist es als Austragungsort der Potsdamer Konferenz vom 17. Juli bis 2. August 1945, auf der die Siegermächte des Zweiten Weltkriegs, vertreten durch den britischen Premierminister Churchill, US-Präsident Truman und den sowjetischen Staatschef Stalin, über die Neuordnung Deutschlands verhandelten. / Breit ausgedehnt und verwinkelt, mit viel Naturstein, Holz, Fachwerk und den hohen Schornsteinen wirkt Schloss Cecilienhof wie ein alter, allmählich gewachsener Landsitz mit leichter Patina und ist damit ein Musterbeispiel der damaligen englischen Landhausmode. Auch innen ist die Atmosphäre rustikal: dunkles Holz, Butzenscheiben und eine zentrale Wohnhalle mit wuchtiger Eichentreppe (1945 Veranstaltungsort der Potsdamer Konferenz). / Eine glänzende Zukunft lag vor Wilhelm und Cecilie, als sie das Schloss bezogen. Sie waren ein Traumpaar, das am 6. Juni 1905 unter großer öffentlicher Begeis-

*Deutschlands letztes
Kronprinzenpaar*

terung in Berlin geheiratet hatte, sechs Kinder bekam und das nächste Kaiserpaar werden sollte. Wilhelm, der erste Sohn Kaiser Wilhelms II., wie alle Hohenzollern Offizier und außerdem studierter Staats- und Verwaltungsrechtler, galt als Gentleman und war im Volk beliebt. Cecilie, geborene Prinzessin zu Mecklenburg-Schwerin, wurde wegen ihrer Schönheit und Eleganz bewundert. / Die politischen Umschwünge änderten alles. Wie sein Vater, der abgedankte Kaiser Wilhelm II., ging Kronprinz Wilhelm nach dem Zusammenbruch der Monarchie Ende 1918 ins niederländische Exil und musste förmlich auf alle Thronansprüche verzichten. Cecilie lehnte es ab, ihrem Mann zu folgen und blieb mit ihren Kindern in Deutschland. Ab 1926 – der Kronprinz war 1923 mit Erlaubnis der Weimarer Regierung nach Deutschland zurückgekehrt – lebte das letzte Kronprinzenpaar zeitweise wieder gemeinsam auf dem inzwischen verstaatlichten Schloss Cecilienhof, wo ihnen weiterhin Wohnrecht gewährt wurde. Cecilie etablierte hier einen musikalischen Salon, in dem auch der Pianist Wilhelm Kempff und der Dirigent Wilhelm Furtwängler zu Gast waren. Ex-Kronprinz Wilhelm, der sich eigentlich nicht politisch betätigen durfte, trat dem rechten »Stahlhelm« bei, unterstützte Hitler, weil er sich eine Wiedereinführung der Monarchie erhoffte, distanzierte sich aber später vom NS-Regime. / 1945 floh das einstige Kronprinzenpaar vor der einrückenden Roten Armee aus Potsdam. Sie lebten nach Ende des Zweiten Weltkriegs in Süddeutschland, gingen jedoch getrennte Wege.

Potsdam, Im Neuen Garten 11, Schloss Cecilienhof: Der einstige Wohnsitz des Kronprinzenpaares. Heute wird es als Gedenkstätte, Museum und teilweise als Hotel genutzt. Hier ein Blick auf die Eingangsseite

Berlin, Unter den Linden 3, Kronprinzenpalais: Das 1773 von Philipp Gerlach für Friedrich II. umgebaute Palais war die Stadtresidenz der preußischen Kronprinzen und wurde auch von Wilhelm und Cecilie bewohnt. Im Zweiten Weltkrieg schwer beschädigt, wurde es Ende der 1960er Jahre rekonstruiert.

WILHELM I.
Deutscher Kaiser und König von Preußen
1797 Berlin – 1888 Berlin

AUGUSTA,
geb. Prinzessin von Sachsen-Weimar-Eisenach
Deutsche Kaiserin und Königin von Preußen
1811 Weimar – 1890 Berlin

»Als König entwickelte er Talente, die kein Mensch in ihm vermutet hätte. [...] Er führt ein Regiment wie in einer modernen konstitutionellen, das heißt verfassungsmäßig eingeschränkten Monarchie.« (Heinz Ohff) Wilhelm I., zweitgeborener Sohn von → Friedrich Wilhelm III. und Königin Luise, der einst die Aufständischen der Berliner Märzrevolution von 1848 »niederkartätschen« wollte – er erhielt daraufhin den Spottnamen »Kartätschenprinz« – war ein beliebter Regent. Als Nachfolger seines kinderlos gebliebenen Bruders Friedrich Wilhelm IV. wurde er Anfang 1861, im Alter von fast 64 Jahren, König von Preußen und 1871 erster Deutscher Kaiser. **/** Mit Kaiserin Augusta, einer geborenen Prinzessin von Sachsen-Weimar-Eisenach, verband ihn keine große Liebe. Wilhelm hatte sie 1829 auf Drängen seines Vaters geheiratet, nachdem die Hochzeit mit seiner langjährigen Geliebten, der polnischen Prinzessin Elisa Radziwill, aus Standesgründen gescheitert war. Augusta war, so der Wilhelm-Biograf Fanz Herre, »überdurchschnittlich begabt und gebildet, von lebhaftem, ja heftigem Temperament und je schwerhöriger sie wurde, desto lauter sprach sie und desto selbstherrlicher trat sie auf [...].« Ihre Mutter, die Weimarer Großfürstin Maria Pawlowna, war eine Zarentochter, ihr Großvater ein Freund Goethes. Am aufgeklärten Weimarer Hof aufgewachsen, dachte Augusta be-

Wilhelm und Augusta als junges Kronprinzenpaar (Lithografie um 1830)

deutend liberaler als ihr Mann. Otto von Bismarck, den deutschen Reichskanzler und engen Vertrauten ihres Mannes, lehnte sie wegen seiner konservativen Politik ab. Das Kaiserpaar, das zwei Kinder bekam, entfremdete sich bald und Wilhelm hatte, wie in jungen Jahren, wieder zahlreiche Affären. / Fast zeitgleich mit ihrem Stadtpalais im alten Zentrum Berlins ließen sie sich das romantische Schloss Babelsberg auf einer Anhöhe über der Havel errichten. Die Fertigstellung zog sich von 1833 bis 1849 hin, drei Architekten arbeiteten daran. Karl Friedrich Schinkel lieferte den Entwurf, den Ludwig Persius nach dessen Tod fortsetzte. Als auch er vier Jahre später starb, übernahm Johann Heinrich Strack die Bauleitung, der Schinkels Pläne auf Wunsch Augustas, die schon zuvor immer wieder eigene Ideen eingebracht hatte, stark modifizierte. Sie beeinflusste auch die Gestaltung des Parks. Preußens berühmtem Gartenarchitekten Peter Joseph Lenné entzog sie sogar seinen Auftrag und engagierte ab 1843 → Hermann Fürst von Pückler-Muskau, der die malerischen Wege entlang des Dampfmaschinenhauses, des Flatowturms, der Gerichtslaube und des Matrosenhauses sowie die Blickachsen nach Potsdam, auf die Glienicker Brücke und Schloss Klein Glienicke, den Sommersitz des Prinzen Carl (ebenfalls ein Werk Schinkels), vollendete. / Das Kaiserpaar ruht nebeneinander im Mausoleum des Charlottenburger Schlossparks in Berlin, wo auch Wilhelms Eltern bestattet sind.

Potsdam-Babelsberg, Park Babelsberg 10, Schloss Babelsberg – vom Park aus gesehen. Mehr als 50 Jahre lang war es Sommersitz des ersten deutschen Kaiserpaares. Der weitläufige Landschaftspark ist öffentlich zugänglich, das Schloss als Museum zu besichtigen.

Berlin, Unter den Linden 9/Bebelplatz: Das zwischen 1834 und 1837 von Karl Ferdinand Langhans erbaute Stadtpalais Wilhelms. Vom Fenster seines Arbeitszimmers beobachtete er täglich die Wachablösung vor der schräg gegenüberliegenden Neuen Wache. Das Palais wurde im Zweiten Weltkrieg schwer beschädigt und, mit Ausnahme der Straßenfassade, 1962/63 neu errichtet. Heute sind hier Institute der Humboldt-Universität untergebracht.

ORTSREGISTER

BERLIN

BEZIRK FRIEDRICHSHAIN-KREUZBERG

Ortsteil Friedrichshain
Strausberger Platz 19 (Robert & Katja Havemann)

Ortsteil Kreuzberg
Bergmannstraße 39-41, Dreifaltigkeitsfriedhof
  (Felix Mendelssohn Bartholdy & Fanny Hensel sowie
  Rahel & Karl August Varnhagen von Ense)
Großgörschenstraße 12, Alter St.-Matthäus-Kirchhof
  (Jacob & Wilhelm Grimm)

BEZIRK MITTE

Ortsteil Mitte
Albrechtstraße 20 (Victor Klemperer)
Chausseestraße 125 (Bertolt Brecht & Helene Weigel)
Jägerstaße 51, Mendelssohn Remise
  (Felix Mendelssohn Bartholdy & Fanny Hensel)
Pariser Platz 7 (Max & Martha Liebermann)
Unter den Linden 3, Kronprinzenpalais
  (Wilhelm & Cecilie)
Unter den Linden 9/Bebelplatz, Altes Palais
  (Wilhelm I. & Augusta)

Ortsteil Moabit
Lübecker Straße 13 (Kurt Tucholsky)

BEZIRK-NEUKÖLLN

Ortsteil Neukölln
Hasenheide 61 (Arvid & Mildred Harnack)

BEZIRK PANKOW

Ortsteil Niederschönhausen
Majakowskiring 12 (Lotte Ulbricht)
Rudolf-Ditzen-Weg 14 (Erich & Margot Honecker)
Rudolf-Ditzen-Weg 19 (Hans Fallada)
Tschaikowskistraße 1, Schloss Schönhausen
  (Königin Elisabeth Christine)

Ortsteil Weißensee
Berliner Allee 190 (Bertolt Brecht & Helene Weigel)

BEZIRK REINICKENDORF

Ortsteil Tegel
Adelheidallee 19, Schloss Tegel
  (Wilhelm & Caroline von Humboldt)

BEZIRK STEGLITZ-ZEHLENDOF

Ortsteil Dahlem
Altensteinstraße 48 (Otto Hahn)
Faradayweg 8 (Fritz & Clara Haber)
Föhrenweg 16 (Max Schmeling & Anny Ondra)
Podbielskiallee 42 (Max Schmeling & Anny Ondra)
Schorlemerallee 7a (Fritz Lang & Thea von Harbou)

Ortsteil Lichterfelde
Hortensienstraße 14 (Karl Liebknecht)

Ortsteil Nikolassee
Teutonenstraße 2 (Carola Neher)
Tristanstraße 8–10 (Claus Schenk Graf von Stauffenberg)
Waltharistraße 20 (Claus Schenk Graf von Stauffenberg
   & Nina Schenk Gräfin von Stauffenberg)
Wasgensteig 30, Waldfriedhof Zehlendorf
   (Rut & Willy Brandt)

Ortsteil Schlachtensee
Marinesteig 14 (Willy & Rut Brandt)

Ortsteil Steglitz
Grunewaldstraße 13 (Franz Kafka & Dora Diamant)

Ortsteil Wannsee
Bismarckstraße 3, Kleistgrab
   (Heinrich von Kleist & Henriette Vogel)
Bismarckstraße 34 (Heinrich George & Berta Drews)
Colomierstraße 3 (Max & Martha Liebermann)

BEZIRK TEMPELHOF-SCHÖNEBERG

Ortsteil Friedenau
Bundesallee 79 (Kurt & Else Tucholsky)
Cranachstraße 58 (Rosa Luxemburg)
Niedstraße 14 (Karl & Luise Kautsky)
Saarstraße 14 (Karl & Luise Kautsky)
Wielandstraße 23 (Rosa Luxemburg)

Ortsteil Schöneberg
Motzstraße 7 (Else Lasker-Schüler)

BRANDENBURG

BERKENBRÜCK (Landkreis Oder-Spree)
Roter Krug 12 (Hans Fallada & Anna Ditzen)

BERNAU-WALDSIEDLUNG (Landkreis Barnim)
Habichtweg 1 (Walter & Lotte Ulbricht)
Habichtweg 5 (Erich & Margot Honecker)

BUCKOW (Landkreis Märkisch-Oderland)
Bertolt-Brecht-Straße 30, Brecht-Weigel-Haus
    (Bertolt Brecht & Helene Weigel)

COTTBUS / Ortsteil Branitz
Robinienweg 5, Schloss Branitz
    (Hermann Fürst & Lucie Fürstin von Pückler-Muskau)

FELIXSEE / Ortsteil Bohsdorf (Landkreis Spree-Neiße)
Dorfstraße 35 (Erwin Strittmatter)

GRÜNHEIDE/MARK (Landkreis Oder-Spree)
Ortsteil Alt Buchhorst
Burgwallstraße 4 (Robert & Katja Havemann)

KETZIN / HAVEL / Ortsteil Paretz (Landkreis Havelland)
Parkring 1, Schloss Paretz (Friedrich Wilhelm III. & Luise)

KLEINMACHNOW (Landkreis Potsdam-Mittelmark)
Käthe-Kollwitz-Straße 7 (Kurt Weill & Lotte Lenya)

KLOSTER LEHNIN (Landkreis Potsdam Mittelmark)
Ortsteil Reckhahn
Reckahner Dorfstraße 27, Schloss Reckahn
    (Friedrich Eberhard & Christiane Louise von Rochow)

LÖWENBERGER LAND (Landkreis Oberhavel)
Ortsteil Liebenberg
Parkweg 1, Schlossgut Liebenberg (Libertas Schulze-Boysen)

NENNHAUSEN (Landkreis Havelland)
Fouqué-Platz 4, Schloss Nennhausen
    (Friedrich & Caroline de la Motte Fouqué)

NEUENHAGEN (Landkreis Märkisch-Oderland)
Fallada-Ring 10 (Hans Fallada & Anna Ditzen)

NEUHARDENBERG (Landkreis Märkisch-Oderland)
Schinkelplatz, Schloss Neuhardenberg
    (Werner von Haeften & Reinhild Gräfin von Hardenberg)

NIEDERER FLÄMING (Landkreis Teltow-Fläming)
Ortsteil Wiepersdorf
Bettina-von-Arnim-Straße 13, Schloss Wiepersdorf
    (Bettine & Achim von Arnim)

ORANIENBURG (Landkreis Oberhavel)
Schlossplatz 1, Schloss Oranienburg
    (Friedrich Wilhelm & Louise Henriette)

POTSDAM
Innenstadt
Berliner Straße 10 (Henning & Erika von Tresckow)
Friedrich-Ebert-Straße 17, Große Stadtschule
    (Heinrich von Kleist)

Ortsteil Babelsberg
Park Babelsberg 10, Schloss Babelsberg (Wilhelm I. & Augusta)

Ortsteil Nauener Vorstadt
Behlertstraße 31, Palais Lichtenau
    (Wilhelmine Gräfin von Lichtenau)

Ortsteil Neuer Garten
Im Neuen Garten 10, Marmorpalais (Friedrich Wilhelm II.)
Im Neuen Garten 11, Schloss Cecilienhof (Wilhelm & Cecilie)

Ortsteil Sacrow
Krampnitzer Straße 9, Schloss Sacrow
    (Friedrich de la Motte Fouqué)

Ortsteil Sanssouci
Lindstedter Chaussee, Schloss Lindstedt
    (Henning & Erika von Tresckow)
Maulbeerallee, Schloss Sanssouci (Friedrich II.)

RHEINSBERG (Landkreis Ostprignitz-Ruppin)
Mühlenstraße 1, Schloss Rheinsberg
    (Friedrich II. & Elisabeth Christine)

**SCHULZENHOF (Brandenburg, Landkreis Oberhavel,
Gemeinde Stechlin)** Schulzenhof 1 (Erwin & Eva Strittmatter)

TREBBIN (Landkreis Teltow-Fläming, Ortsteil Blankensee)
Blankenseer Dorfstraße 1, Schloss Blankensee
    (Hermann & Clara Sudermann)

LITERATUR

Berliner Biographisches Lexikon,
hrsg. von Volker Spiess, Berlin, 2. Aufl. 2003

Brandenburgisches Biographisches Lexikon (BBL),
hrsg. von Friedrich Beck und Eckhart Henning,
Potsdam 2002

Czech, Vincenz: **Burgen, Schlösser und Herrenhäuser
in Berlin und Brandenburg,** Petersberg 2007

Dehio, Georg: **Handbuch der deutschen Kunstdenk-
mäler – Berlin,** München/Berlin 2006

Dehio, Georg: **Handbuch der Deutschen Kunstdenk-
mäler – Brandenburg,** München/Berlin 2012

Deutsche Biographische Enzyklopädie (DBE),
hrsg. von Walter Killy, München u. a. 1995–1999 (10 Bde.)

Hübner, Holger: **Das Gedächtnis der Stadt –
Gedenktafeln in Berlin,** Berlin 1997

Lexikon des deutschen Widerstandes,
hrsg. von Wolfgang Benz und Walter H. Pehle,
Frankfurt am Main, 2. Aufl. 2008

Oberhauser, Fred / Henneberg, Nicole:
Literarischer Führer Berlin,
Frankfurt am Main/Leipzig 2003

Schlösser und Herrenhäuser in der Mark,
hrsg. von Sybille Badstübner-Gröger (monografische Reihe)

Weniger, Kay: **Das große Personenlexikon des Films,**
Berlin 2001 (8 Bde.)

**Wer war wer in der DDR? – Ein Lexikon ostdeutscher
Biographien,** hrsg. von Dieter Hoffmann u. a., Berlin 2010
(2 Bde.)

Impressum

© Edition Braus Berlin GmbH, 2015
Prinzenstraße 84
10969 Berlin
www.editionbraus.de

Lektorat: Anne Scholz
Gestaltung und Herstellung:
typo//designbüro, Uta Thieme, Berlin
Druck und Bindung:
Grafisches Centrum Cuno, Calbe

Die Deutsche Nationalbibliothek
verzeichnet diese Publikation in der
Deutschen Nationalbibliografie;
detaillierte bibliografische Daten sind
im Internet über http://dnb.d-nb.de
abrufbar.

ISBN 978-3-86228-127-5

Bildnachweis:
Alle Abbildungen der Wohnhäuser
stammen von Christiane Kruse.
Die Porträts der abgebildeten Persönlichkeiten stammen aus den Archiven
von Christiane Kruse und des Verlags.

Dank an Frau Dr. Uta von Aretin für
die Auskünfte über Erika von Tresckow.